Ingo Kroll

GEFECHTSKALENDER

DER ALLIIERTEN ARMEE
1757 — 1762

Ingo Kroll

GEFECHTSKALENDER

DER ALLIIERTEN ARMEE
1757 — 1762

Books on Demand Norderstedt

Bibliographische Information der Deutschen Bibliothek:

Die Deutsche Bibliothek verzeichnet diese Publikation in der Deutschen Nationalbiographie; detaillierte bibliographische Daten sind im Internet über <http://dnb.dbb.de> abrufbar

Zusammengestellt von: Dr. Ingo Kroll

© 2013 Dr. Ingo Kroll

Umschlaggestaltung: Dr. Ingo Kroll
Umschlagbild: Löwen aus dem Wappen des Herzogtums Braunschweig-
　　　　　　　Wolfenbüttel

Herstellung und Verlag: BoD - Books on Demand, Norderstedt

ISBN 9783732281138

Inhaltsverzeichnis

Vorbemerkungen III
   Allgemeine Hinweise: III
      Einteilung des Textes III
      Truppenführer und Truppenteile III
      Stärken III
      Abkürzungen und Chiffren III
Der Gefechtskalender 3
   Das Jahr 1757 3
      1./2. Quartal 1757 3
      3. Quartal 1757 3
      4. Quartal 1757 3
   Das Jahr 1758 3
      1. Quartal 1758 3
      2. Quartal 1758 3
      3. Quartal 1758 3
      4. Quartal 1758 3
   Das Jahr 1759 3
      1. Quartal 1759 3
      2. Quartal 1759 3
      3. Quartal 1759 3
      4. Quartal 1759 3
   Das Jahr 1760 3
      1. Quartal 1760 3
      2. Quartal 1760 3
      3. Quartal 1760 3
      4. Quartal 1760 3
   Das Jahr 1761 3
      1. Quartal 1761 3
      2. Quartal 1761 3
      3. Quartal 1761 3
      4. Quartal 1761 3
   Das Jahr 1762 3
      1./2. Quartal 1762 3
      3./4. Quartal 1762 3
Anhang 3
   Quellennachweis 3
   Register 3
   Anmerkungen: 3

Abbildungsverzeichnis

Abb. 1 Ordre de Bataille der Alliierten Armee 1757 3
Abb. 2 Ordre de Bataille der Alliierten Armee 1762 3

Vorwort

Der Siebenjährige Krieg ist in Deutschland fast völlig vergessen. Wenn sich denn überhaupt jemand an diese Auseinandersetzung erinnert, so assoziiert er das Geschehen weitgehend mit dem Mythos Preußen und seinem großen König Friedrich der Große.

Der westliche Kriegschauplatz ist in Deutschland nur noch wenigen Spezialisten bekannt. Doch hier wurde eigentlich Weltgeschichte gemacht. Denn hier versuchte Frankreich seine bisherige Hegemonie über Europa zu retten und England doch noch zu schlagen (Was schon in Amerika mißglückt war).

Das dies in Europa ebensowenig gelang, lag auch am Oberbefehlshaber der (nachmaligen) ALLIIERTEN ARMEE, Herzog Ferdinand. Er war der Bruder des regierenden Herzogs von Braunschweig und Schwager Friedrichs des Großen. (Der ihm militärisch eigentlich gar nichts zutraute.) Doch über 5 Jahre hinweg schaffte es der Herzog, die zahlenmäßig überlegenen französischen Armeen getrennt zu halten. Er verhinderte so, daß Frankreich am Ende des Krieges seine alte Vormachtstellung wieder erlangte. Als Sieger aus diesem Krieg ging allerdings England hervor. Es legte den Grundstein für sein späteres Weltreich.

Diese Ausarbeitung soll ein wenig dazu beitragen, den Kriegsschauplatz Nord — /Westdeutschland etwas aus dem Vergessen zu holen.

Die erste Version des GEFECHTSKALENDERS erschien vor über 30 Jahren. Für diese Auflage des GEFECHTSKALENDERS habe ich die Konzeption der vorherigen Auflage im wesentlichen beibehalten. Der GEFECHTSKALENDER wurde überarbeitet, der Inhalt (soweit nötig) berichtigt und (ganz vorsichtig) ergänzt. Aber auch in dieser Ausarbeitung bleiben die Ereignisse in Ostfriesland weitestgehend unberücksichtigt (So wird z.B. der „Feldzug" Conflans mit seinen Volontaires hier nicht behandelt).

Der Kalender soll den Interessierten in die Lage versetzen, sonst schwierig zu beschaffendes Quellenmaterial gesammelt und übersichtlich aufbereitet zu erhalten und zu benutzen.

Für Anregungen und Hinweise bin ich dankbar.

Vorbemerkungen

Allgemeine Hinweise

— Einteilung des Textes

Im Text erscheinen am Kopf jeder Seite das Quartal und das behandelte Jahr. Dabei entsprechen die „Quartale" jeweils einer Jahreszeit: Januar — März = 1. Quartal (Winter); April — Juni = 2. Quartal (Frühling); Juli — September = 3. Quartal (Sommer); Oktober — Dezember = 4. Quartal (Herbst). Die Monatsnamen sind abgekürzt.

Der Text ist wie folgt gegliedert:

Gefechtstag und — ort
    Truppenführer   Alliierte   Französische/Verbündete
    Truppenteile   Alliierte   Französische/Verbündete

Beispiel: **19. Sept.**   **Gefecht bei Laubach**
    GenMaj Luckner   Comte de Lusac
H: 2 Esc Veltheim   F: 1 Btl Conti
                               Legion royale

Bei „überfließendem" Text, d.h. wenn ein Ereignis nicht auf einer Seite dargestellt werden kann, sind auf der „Vorderseite" ein Pfeil (↘) und auf der folgenden Seite der Hinweis: *(noch: Ereignis)* angebracht. Der Pfeil ist immer neben den letzten Truppenteil auf der Seite gesetzt, gleichgültig ob das ein Verband der Alliierten Armee oder der gegnerischen Armee ist.

— Truppenführer und Truppenteile

In der linken Spalte sind die Angaben über die Alliierte Armee, in der rechten Spalte die Angaben über deren Gegner zusammengefaßt.

Als Truppenführer sind, soweit feststellbar, nur die Namen der Anführer der Armee, der Corps oder selbständig operierender Verbände genannt.

Beim Zusammenwirken mehrerer Corps sind nach Möglichkeit auch die Anführer der Einzelcorps benannt.

Für die Schreibweise der Namen habe ich die allgemein in den Quellen übliche Schreibweise gewählt. So erscheint der Führer der Alliierten Armee, der Herzog Ferdinand von Braunschweig nur unter dem Kürzel +Herzog Ferdinand+. Sein Neffe, der Erbprinz des Herzogtums Braunschweig wird meist nur unter der Bezeichnung +Erbprinz+ oder +General Erbprinz+ erwähnt. Alle anderen namentlich erwähnten Truppenführer sind entsprechend aufgeführt.

Bei der Benennung der Truppenteile sind diese mit den Namen der Regimentsinhaber/Chefs aufgeführt. Soweit für einige Armeen bereits eine

Numerierung bestand oder nachträglich eingeführt wurde, ist diese unberücksichtigt geblieben.

Die Bezeichnung +Korps+ habe ich für zeitweise aufgestellte Verbände benutzt; so z.B. für Avantgarden oder Verbände mit Sonderaufträgen. Die Bezeichnung +Corps+ benutze ich für die Einheiten der Leichten Truppen; z.B. Scheithers Corps (Sht C).

Die Grenadiere wurden im Verlauf des Krieges in feste Grenadierbataillone zu je einem Bataillon zusammengefaßt. Daher wird ab 1759 auf die Angabe -1 Btl Gren- verzichtet und nur noch einheitlich –GrenBtl +Namen des Inhabers/Kommandeurs- genannt. Vorher wurden die Grenadiere nur zeitweise in Bataillonen/Einheiten zusammengezogen. Die Benennung ist daher entsprechend angepaßt.

— Stärken

Die Angabe STÄRKE erfolgt entweder mit der Zahl der beteiligten Soldaten oder sonst einheitlich mit der Bezeichnung "Batl/Esc ".

Wird in den Quellen die Bezeichnung „Regiment" verwandt, ist diese Angabe in „Batl/Esc" umgewandelt, sofern die Zusammensetzung des Regiments bekannt ist. Bei undefinierbaren Quellenangaben wie: — ein Teil des Regiments — o.ä. wird auf Stärkeangaben verzichtet.

Durch die Angaben „Batl/Esc" ist es jedoch nicht möglich, auf die Zahl der bei einem Gefecht beteiligten Soldaten zu schließen, da

> ÷ die SOLL — Stärke der Einheiten von Land zu Land unterschiedlich waren, und
>
> ÷ die IST — Stärken der Einheiten Schwankungen durch Krankheiten, Desertion und Fehlstellen unterlagen.

— Abkürzungen und Chiffren

- Länderkennbuchstaben

  ÷ Alliierte Armee
BS	Herzogtum Braunschweig — Wolffenbüttel
BÜ	Grafschaft Schaumburg — Lippe — Bückeburg
GB	Königreich Großbritannien
H	Kurfürstentum Hannover
HE	Landgrafschaft Hessen — Kassel
PN	Königreich Preußen
X	Landsmannschaftliche Zugehörigkeit nicht feststellbar
Y	Gemischte Formationen
Z	Sonstige (+ Bezeichnung des Landes)

  ÷ Gegner der Alliierten Armee
F	Königreich Frankreich
ÖR	kaiserreich Österreich

SA	Kurfürstentum Sachsen
WÜ	Großherzogtum Württemberg
RN(+ Land)	Reichstruppen (+ Bezeichnung des Kontingents)
X	Landsmannschaftliche Zugehörigkeit nicht feststellbar
Y	Gemischte Formationen
Z	Sonstige (+ Bezeichnung des Landes)

- Dienstgrade und Dienststellungen

Adj	Adjutant
BrigGen	Brigadegeneral
Fähnr	Fähnrich
FeldmarschallLt	Feldmarschall−Leutnant
Gen	General
GenLt	General−Leutnant
GenMaj	General−Major
Gren	Grenadier
Hptm	Hauptmann
Jg	Jäger
Kpt	Kapitän
Kptlt	Kapitänleutnant
Lt	Leutnant
Maj	Major
Oberst	Oberst
OberstLt	Oberstleutnant
Offz	Offizier
Uffz	Unteroffizier
SKpt	Stabskapitän

- Truppenformationen

Abt	Abteilung
Art	Artillerie
Brig	Brigade [1]
Btl	Bataillon
Div	Division
Drag	Dragoner
Esc	Escadron
GarnBtl	Garnisonsbataillon
GarnKomp	Garnisonskompanie
GarnRgt	Garnisonsregiment
GarnGren	Garnisonsgrenadiere
Gren	Grenadier(e)
Hus	Husaren
Inf	Infanterie
InfBrig	Infanteriebrigade
J C	Jägercorps
K J C	Karabinier- und Jägercorps

Kav	Kavallerie
KavBrig	Kavalleriebrigade
Komp	Kompanie
Rgt	Regiment
Rgt'er	Regimenter
S C	Schützencorps (Allgemein)
Sht C	Scheithers Corps
Sth S C	Stockhausen Schützencorps

- Allgemeines

Haub	Haubitze(n)
(x+)-pfünder	Kanonen (nach Gewichtsklassen, z.B. 4-pfünder = 4-pfünder Kanone
1. — 17.	Vom 1. eines Monats bis zum 17. eines Monats
5./6.	In der Nacht vom 5. auf den 6.eines Monats
Jan.	Januar
Febr.	Februar
März	März
Apr.	April
Mai	Mai
Juni	Juni
Juli	Juli
Aug.	August
Sept.	September
Okt.	Oktober
Nov.	November
Dez.	Dezember

÷ Zum Begriff –Brigade-

Der Begriff „Brigade" hat in dieser Ausarbeitung verschiedene Bedeutungen:

1.) eine Truppenformation, zusammengesetzt aus mehreren Regimentern von unterschiedlichem Typus: z.B. aus Infanterie- und Kavallerieregimentern
2.) eine Truppenformation, zusammengesetzt aus mehreren Regimentern von gleichem Typus: z.B. Infanterie- oder Kavallerieregimentern (InfBrig/KavBrig)
3.) Bei den Hannoverschen Jägern: ein Bataillon.
4.) In der französischen Armee:
   - Mehrere Regimenter unter einem Namen. Die Brigade erhielt dann ihren Namen nach dem ältesten bzw. vornehmsten Regiment im Verband.
   - Mehrere Bataillone unter einem Namen.
5.) Bei der Artillerie: Mehrere zusammengefaßte Batterien.

Der Gefechtskalender

Das Jahr 1757

1./2. Quartal 1757

04. März   Aufgabe von Wesel
GenLt Erbprinz von Hessen
PN: 2 Btl Hessen Kassel
    2 Btl Salmuth
    2 Btl Jungkenn

04. Apr. — 23. Aug. Belagerung von Geldern
                              Graf St.Germain
PN: GarnBtl La Motte   F: 2 Btl Belsunce
    1 GarnKomp aus Mörs   2 Btl Salis
                                    Perigord

08. Apr.   Wesel wird besetzt
                              Graf St.Germain
               F: Lorraine
                   Castellas
                   Volontaires royaux
             ÖR: 1 Btl d'Arberg

24. Apr.   Lippstadt wird besetzt
                            Graf St.Germain
             F: 2 Btl Belsunce
                 Foix(?)
                 14 Drag der
                 Volontaires royaux

24. Apr.   Münster wird besetzt
                          Prince de Beauvau
             F: Vastan
               Conti

09. Mai   Zusammenstoß bei Harsewinkel
GenMaj Graf v.d.Schulenburg
BÜ: Karabiniers   F: 50 MannVolontaires royaux
BS:) 2 Btl Infanterie   X: Bauern
H:) 2 Esc Kavallerie

??. Mai   Gefecht bei Rittbergen
             F: 4 KompGren
                 300 MannVolontaires royaux

20. Mai   Besetzung von Paderborn
Gen Zastrow
H: 2 Btl Garde   RN Kur Köln:
    1 Btl Oberg   1 Rgt ↘

1./2. QUARTAL 1757 - 5 -

(noch 20. Mai Besetzung von Paderborn)
H: 1 Btl Hodenberg
    1 Btl Zastrow
    1 Btl Zandré
    1 Btl Ledebur
    1 Btl Sachsen Gotha
    1 Esc Leibgarde
    1 Esc Gren zu Pferd
    4 Esc Bock Drag
    4 Esc Heimbruch
    1 Btl Anhalt
    1 Btl Hanau
    1 Btl Haudring
    1 Btl Mansbach
HE: 2 Esc Prinz Wilhelm(?)
    2 Esc vac.Isenburg
    4 Esc Leibdragoner
    90 Mann Miltitz(?)

30. Mai   **Gefecht bei Homberg a.Rhein**
H: Jäger

02. Juni   **Räumung von Paderborn**

04. Juni   **Scharmützel bei Neuhaus**
H: 1Btl Oberg
X: 100 Pferde

06./07. Juni   **Gefecht bei Kloster Marienfeld**
 GenMaj Graf v. d. Schulenburg   Oberst Fischer
X: 500 Gren   F: 1 Komp Gren) Fischer
    200 Jäger   1 Komp Jäger) Freicorps
    200 Reiter
    500 Mann (u.a. v.BÜ: K J C)

13. Juni   **Versehentliches Gefecht zwischen preußischen und braunschweigischen Truppen nahe Bielefeld**
BS: 2 Btl Gren
    1 Btl Zastrow
    Leibregiment
    Imhoff
    Behr
PN: 2 Btl Erbprinz von Hessen
    2 Btl Salmuth

15. Juni   **Gefechte bei der Räumung von Bielefeld**
BÜ: Karabiniers v. K J C   F: Hus
BS: Imhoff   Volontaires royaux ↘

(noch 15. Juni Gefechte bei der Räumung von Bielefeld)

H: 2 Komp Jäger   F: Jäger vom Rgt La Marck
    150 Mann Bock Drag
PN: 2 Btl Hessen Kassel
    2 Btl Salmuth

15. Juni   **Vorpostengefechte bei Herford**

                        Oberst Fischer

BÜ   K J C   F: Freicorps Fischer
H: 7 Btl Infanterie   700 Mann Lillebonne Drag
    (Rgt'er Block, Hardenberg??)
    2 Komp Jäger   Gen Chabo
                       F: Volontaires royaux

                        Prince de Beauvau
                      F: 10 Komp Gren
                           300 Reiter

                        Lorges
                      F: 10 Komp Gren
                           200 Reiter

3. Quartal 1757

03. Juli   **Fall von Emden**

                 Marquis d'Auvet
PN: 1 Btl GarnBtl   X: 1000 Mann:
                           u.a. F: Le Roi Drag

13. Juli   **Scharmützel bei Eschershausen**

Korps Stockhausen
X: 300 Mann Infanterie   F: Freicorps Fischer
      50 Reiter

14. Juli   **Vorpostengefecht bei Amelungsborn**

H: 1 Btl Block   F: Teile des Korps d'Armentiers [2]
      1 Btl Oberg
HE: 1 Btl Gren
X: 200 Reiter

16. Juli   **Scharmützel bei Eschershausen**

X: 300 Gren   F: Gren
                                       Hus

22. Jun   **Vorpostengefechte bei Heyen, Börrie und Frenke**

                           Corps d'Armentieres
BS: 6 Btl ??   F: 12 Komp Grenadiers royaux
HE: 6 Btl ??   Volontaires d'Hainault
X: 10 Esc Hus   Volontaires de Flandre

24. Juli   **Gefecht bei Ladferde**

                           Marquis de Contades
H: Gren   F: Volontaires royaux
H: 1 Btl Block   X: Infanterie
      1 Btl Zastrow   Artillerie
      1 Btl Oberg
      1 Btl Diepenbroick
HE: 1 Btl Prinz Anhalt
      1 Btl Canitz
      1 Btl Grenadier Regiment
X: Infanterie
      Kavallerie
      Leichte Truppen
      Artillerie

24./25. Juli   **Vorpostengefechte bei Börrie, Ladferde und Frenke**

H: Jäger   F: 50 Komp Grenadiers royaux
X: Leichte Truppen   3 Rgt Volontaires de Flandre
      Artillerie   Volontaires d'Hainault
                                       Drag

26. Juli   Schlacht bei Hastenbeck

Herzog von Cumberland	Marschall Duc d'Estrées
BÜ 1 Btl Bückeburg	F: 4 Btl Picardie
BS 2 Btl Gren	4 Btl Navarre
2 Btl Leib Regiment	4 Btl La Marine
1 Btl Behr	2 Btl Eu
1 Btl Zastrow	4 Btl Champagne
2 Btl Imhoff	4 Btl Belsunce
H: 3 Btl Gren	4 Btl Mailly
2 Btl Garde	4 Btl du Roi
1 Btl Druchtleben	2 Btl Lyonnaise
1 Btl Knesebeck	2 Btl Vaubecourt
1 Btl Scheither	2 Btl Touraine
1 Btl Stolzenberg	2 Btl Aquitaine
1 Btl Block	2 Btl La Couronne
1 Btl Brunck	2 Btl Bretagne
1 Btl Post	2 Btl Gardes Lorraine
1 Btl Diepenbroick	2 Btl La Roche Aymon
1 Btl Jung Zastrow	4 Btl Alsace
1 Btl Hodenberg	2 Btl Condé
1 Btl Wangenheim	2 Btl Jenner
1 Btl Oberg	2 Btl Reding
1 Btl Kielmannsegge	2 Btl Vorstan
1 Btl Wangenheim	1 Btl Languedoc
1 Btl Oberg	2 Btl Saasfield
1 Btl Kielmannsegge	2 Btl La Marck
1 Btl Ledebur	2 Btl Royal Suédois
1 Btl Fabrice	2 Btl Chartres
1 Btl Spörcken	2 Btl Barrois
1 Btl Zandré	2 Btl Enghien
1 Btl Hardenberg	2 Btl Royal Bavière
1 Btl Sachsen Gotha	2 Btl Salis
3 Komp Jäger zu Fuß	1 Btl Royal Corse
1 Esc Garde du Corps	2 Btl Nassau Saarbrücken
2 Esc Leibregiment	2 Btl Lochmann
1 Esc Karabiniers	1 Btl Cambresis
2 Esc Hammerstein	1 Btl La Marche
2 Esc Skölln	2 Btl Provence
2 Esc Reden	2 Btl Conti
2 Esc Gilten	1 Btl Berwick
2 Esc Schlütter	1 Btl Bergh
2 Esc Dachenhausen	1 Btl de la Tour
4 Esc Busche Drag	2 Btl Dauphine
4 Esc Bock Drag	1 Btl Royal Pologne
2 Esc Dachenhausen Drag	1 Btl Grenadiers royaux
2 Esc Breidenbach Drag	1 Btl Grenadiers de France
	3 Esc Colonel Général ↘

3. QUARTAL 1757 - 9 -

(noch: 26. Juli Schlacht bei Hastenbeck)

H: Artillerie:
    12 12-pfünder
    6 6-pfünder
    2 30-pfündige Haub
    4 16-pfündige Haub
    12 Geschütze aus Hameln
HE: 2 Btl Gren
    1 Btl Leibregiment
    1 Btl Erbprinz
    1 Btl Prinz von Anhalt
    1 Btl Prinz Carl
    1 Btl Fürstenberg
    1 Btl Canitz
    1 Btl Hanau
    1 Btl Haudring
    1 Btl Ysenburg
    1 Btl Mansbach
    1 Btl Grenadier Regiment
    2 Esc Leibregiment
    1 Esc Miltitz
    2 Esc Ysenburg
    2 Esc Prinz Wilhelm
    4 Esc Leib Drag
X: 300 Kommandierte
    60 Reiter

F: 2 Esc Mestre de Camp Général
    2 Esc Royal
    2 Esc du Roi
    2 Esc Curassiers du Roi
    2 Esc Royal Rousillon
    2 Esc Royal Piemont
    2 Esc Royal Allemande
    4 Esc Carabiniers:
    Brig St.Georg
    Brig Durfort
    Brig Bovet
    Brig La Tour
    2 Esc Fumel
    2 Esc La Rochefoucault
    2 Esc La Reine
    2 Esc Bourgonge
    2 Esc Berry
    2 Esc Aquitaine
    2 Esc Orléans
    2 Esc Condé
    2 Esc Bourbon Busset
    2 Esc Clermont
    2 Esc Marcieu
    2 Esc Archiac
    2 Esc Lusignem
    2 Esc Talleyrand
    2 Esc Saluces
    2 Esc Fleury
    2 Esc Moustiers
    2 Esc Maugiron
    2 Esc Lameth Hennecourt
    2 Esc Fitz James
    2 Esc Ecars
    4 Esc Colonel Général Drag
    4 Esc Mestre de Camp Général-Drag
    4 Esc Harcourt Drag
    4 Esc Orléans Drag
    4 Esc Beauffremont Drag(?)
    4 Esc Caraman Drag
    4 Esc Turpin Hus
    2 Esc Royal Nassau Hus
    Volontaires royaux
    Volontaires de Flandre
    Volontaires d'Hainault ⌣

(noch: 26. Juli Schlacht bei Hastenbeck)

          F: Royal Artillerie:
                    2.Btl La Motte
                    4.Btl Ménonville
        ÖR: 1 Btl d'Arberg
               1 Btl Sachsen Gotha
               1 Btl Ligne
               1 Btl Los Rios
               Artillerie
RN Pfalz: [3]
               1 Btl Prinz Birkenfeld
               1 Btl Preysing
               1 Btl Osten
               1 Btl Baden

28. Juli — **Kapitulation von Hameln**

08. Aug. — **Hannover wird besetzt**

12. Aug. — **Nienburg und Celle werden besetzt**

24. Aug. — **Vorpostengeplänkel bei Häuslingen**
GenMaj Hardenberg
X: Vortruppen   X: Vortruppen

25. Aug. — **Übergabe von Geldern**
                Gen de Beausobre mit
        F: 3 Btl Inf
        ÖR   1 Btl (?)Los Rios

25. Aug. — **Verden wird besetzt**

30. Aug. — **Bremen wird besetzt**
        F: Périgord

01. Sept. — **Scharmützel bei Ottersberg**
                Duc de Broglio
        F: Alsace

03. Sept. — **Richelieu erreicht Kloster Zeven**

04. Sept. — **Rückzugsgefecht bei Bevern**
HE: 1.500 Mann
              F: Alsace
              X: Leichte Truppen
                      200 Volontaires royaux
                      Drag zu Fuß
                      Berchiny Hus

3. Quartal 1757

05. Sept. Harburg wird besetzt
  　　　　　　　　　　　　　　　Maj. Grandmaison
X: 1.000 Mann Miliz　　　　F: Volontaires d'Hainault
  　　　　　　　　　　　　　　　50 Drag (Freiwillige)
  　　　　　　　　　　　　　　　Hus

08./09. Sept. **Konvention von Kloster Zeven**

13. Sept. Übergabe des Regenstein

18. Sept. Überfall von Egeln
OberstLt v. Horn
PN: 300 Mann Infanterie　　F: 2 Esc Lusignan
　　 300 Mann Kavallerie

20. Sept. Scharmützel bei Halberstadt
PN: 20 Hus

27. Sept. Burg Scharzfels wird eingenommen
H: 20 Invaliden　　　　　　F: Fischer Freicorps

4. Quartal 1757

20. Nov. Bremervörde wird wieder besetzt

22. Nov. Der Durchbruchsversuch des Braunschweigischen Kontingents wird vereitelt

23. Nov. Herzog Ferdinand v. Braunschweig übernimmt den Oberbefehl über die „Observationsarmee", später umbenannt in „Alliierte Armee"

28. Nov. — 30. Dez. Belagerung von Harburg

Belagerungscorps
Gen.Hardenberg
H: 1 Btl Spörken [4]
    1 Btl Hardenberg
    1 Bt Grote
    1 Btl Füselier
    2 Esc Leibdragoner

Besatzung:
Gen Marquis Pereuse
F: 500 Kommandierte
    aus 3 Regimentern
    Royal Suédois
    50 Reiter (Württemberg ??)
    Mineure
    Artillerie
    6 Haubitzen der Feldarmee
    18 Geschütze aus Stade

01. Dez. Überrumpelung eines französischen Transportschiffes auf der Ilmenau in der Nähe von Handorf

Maj Freytag
H: 1 Komp Jäger zu Fuß
    50 Jäger zu Pferd

04. Dezember   Scharmützel bei Lüneburg

H: Jäger

04. Dez.   Scharmützel bei Eimbke

GenMaj Graf v. d. Schulenburg
H: 3 Esc Bock Drag   F: 180 Jäger Freicorps Fischer
    4 Esc Breidenbach Drag

07./08. Dez.   Ausfall der Harburger Garnison

13. Dez.   Vorpostengefechte bei Celle

H: 1 Btl Wangenheim   F: Gren
    1 Btl Knesebeck   Volontaires d'Hainault
    300 Gren   Artillerie
    Leichte Truppen

4. QUARTAL 1757 - 13 -

24. Dez.   **Scharmützel bei Versen**
                                           Maj Grandmaison
X: 400 „Genesende"   F: 400 Mann Leichte Truppen

25. Dez.   **Abbruch der "Belagerung" von Celle**

26. Dez.   **Scharmützel bei Garsten**

29. Dez.   **Überfall bei Westerloh**
   OberstLt Luckner   Maj Grandmaison
H: Hus   F: Kavallerie

30. Dez.   **Fall von Harburg**

Das Jahr 1758

1. Quartal 1758

01./02. Jan.   **Überfall auf die Besatzung von Visselhöfede**
Oberst Dreves   Besatzung:
X: Soldaten vom Korps Oberg   X: 300 Mann

11. Jan.   **Gefecht bei Ritterhude**
BÜ: K J C   F: Lorraine
H: Jäger zu Fuß v. Sth S C

11. Jan.   **Besetzung von Vegesack**
BÜ: LeibGren
     30 Karabiniers v. K J C
     Jäger vom K J C

13./14. Jan.   **Scharmützel in der Vorstadt von Bremen**
BÜ: Karabiniers v. K J C
X: 100 Drag

15. Jan.   **Gefecht bei Orlepshausen**
GenMaj v. Diepenbroick
BÜ: 200 Gren d. K J C
H: 1 Btl Jung Zastrow
      1 Btl Dreves
      1 Btl Grote
      1 Btl Hardenberg
      1 Btl Post
      2 Esc Leib Regiment
H: 1 Esc Bock Drag
H: 10 Geschütze

15./16. Jan.   **Bremen wird besetzt**
                    F: 1 Btl Lorraine
                          2 Btl Courten

30./31. Jan.   **Überfall auf Veltheim**
PN: Szekely Hus
      Seidlitz Hus

01. Feb.   **Überfall auf Hornburg**

01. Feb.   **Gefecht bei Hornburg**

11. Feb.   **Eroberung des Regenstein**
Prinz von Preußen   OberstLt v. Hein
PN: 2 Btl Erbprinz von Hessen   F: 84 Mann Freicorps Fischer
      2 Btl Jungkenn
      2 Btl Salmuth(II./III.) ↘

1. QUARTAL 1758 - 17 -

(noch 11. Feb. Eroberung des Regenstein)
PN: 2 Btl Kahlen
    1 Btl Frei Btl Wunsch
    2 Esc Leib Regiment
    300 Meinecke Drag
    200 Szekely und Seidlitz Hus

??. Feb. **Überfall bei Schladen**
PN: Leib Regiment   F: Hus v. Freicorps Fischer
    Meinecke Drag
    Szekely Hus
    Seidlitz Hus

16./17. Feb. **Maj. Freytag wird in seiner Postenstellung angegriffen**

18. Feb. **Einnahme von Rothenburg**
H: 300 Gren
    150 Freiwillige
    Artillerie

20. Feb. **Übergabe des Rothenburger Schlosses**

20. Feb. **Rückeroberung von Fort Visselhöfede**
GenMaj Wangenheim
BS: 1 Btl Imhoff
H: 1 Btl Spörken
    1 Btl Füselier
    1 Btl Knesebeck
    1 Btl Block
    1 Btl Brunck
    2 Esc Rheden
    2 Esc Grothaus
    1 Esc Breidenbach (?Drag?)
HE: 1 Esc Leib Drag
    10 Geschütze

21. Feb. **Besetzung von Verden**
H: 1 Komp Schulenburg Jäger
                       Luckner Hus

21. Feb. **Scharmützel bei Langwedel**
PN: 100 Ruesch Hus [5]   F: Truppen des Korps St.Chamand
                                         Rgt'er Courten und Nassau
                                         (versch.Piquets)

23. Feb. **Rückeroberung von Hoya**
GenMaj Erbprinz   Besatzung von Hoya: Gen Graf Chabo
BS: 1 Btl Leibregiment   F: 2 Komp Grenadiers royaux
H: 1 Btl Hauß   Rgt Bretagne: ↘

(noch 23. Feb. Rückeroberung von Hoya)

H: 1 Btl Wolffenbüttel   F: Gren
    Busch Drag   100 Füsiliere
    50 Luckner Hus   Abt. versch. Drag Rgt'er
HE: 1 Esc Leib Drag

23. Feb.   Husarengefecht bei Stöcken Drebber

PN: 3 Esc Ruesch Hus [6]   F: 1 Abt Poleretzky Hus
    2 Esc Malachowsky Hus [7]

25. — 27. Feb.   Verfolgung der französischen Besatzung von Bremen

BÜ: 200 Gren und Karabiniers
H: 1 Esc Bock Drag

26. Feb.   Besetzung von Bremen

GenMaj v. Diepenbroick
H: 1 Btl Jung Zastrow
    1 Btl Dreves
    1 Btl Grothe
    1 Btl Hardenberg
    1 Btl Post
    2 Esc Leib Regiment
    10 Geschütze

28. Feb.   Eroberung und Besetzung von Nienburg

GenLt Prinz von Holstein
  (mit der Avantgarde)   Besatzung von Nienburg
PN: 5 Esc Holstein Drag   Z Pfalz:
    5 Esc Finkenstein Drag   1 Btl Birkenfeld
    3 Esc Ruesch Hus
    2 Esc Malachowsky Hus

03. März   Gefecht bei Beber

                                        Oberst Dumontier
PN: 5 Esc Holstein Drag   F: 2 Komp Gren v. Rgt Auvergne
    5 Esc Finkenstein Drag   Kavallerie:
    3 Esc Ruesch Hus   50 Mann Dumontier
    2 Esc Malachowsky Hus   50 Mann Orléans
                                          50 Mann Fleury
                                          50 Mann Charost
                                          50 Mann Archiac
                                          150 du Roi Drag

03. März   Gefecht bei Eldagsen

Borck
H: Jäger v. Freytags J C   F: 150 Berchiny Hus
PN: 100 Finkenstein Drag

04. März — Scharmützel bei Hildesheim

PN: Leib Drag
    Finkenstein Drag
    Szekely Hus
    Seidlitz Hus

08. — 14. März — Belagerung von Minden

GenLt Oberg
GenMaj Brunck
GenMaj Prinz Anhalt
GenMaj Diepenbroick
BÜ: 200 Gren u. Karabiniers
BS: 2 Btl Leibregiment
    2 Btl Behr
    1 Btl Zastrow
    1 Btl Imhoff
H: 2 Btl Garde
    1 Btl Wangenheim
    1 Btl Kielmannsegge
    1 Btl Hauß
    1 Btl Oberg
    1 Btl Diepenbroick
    1 Btl Ledebur
    1 Btl Druchtleben
    1 Btl Jung Zastrow
    1 Btl Dreves
    1 Btl Grote
    1 Btl Hardenberg
    1 Btl Post
    150 Jäger
    1 Esc Garde
    1 Esc Gren zu Pferd
    2 Esc Leibregiment
    2 Esc Dachenhausen
    4 Esc Busch Drag
    4 Esc Dachenhausen Drag
    1 Esc Bock Drag
    50 Luckner Hus
HE: 1 Btl Fürstenberg
    1 Btl Mansbach
    2 Esc Leibregiment
    2 Esc Prinz Wilhelm
    2 Esc Miltitz

Besatzung von Minden:
GenLt Moranges
F: 1 Btl Languedoc
    2 Btl Salis
    1 Btl Languedoc
    2 Btl Lionnois
    1 Btl Gardes Lorraine
    Gren royaux
    Volontaires d'Hainault
    2 Esc Clermont
    2 Esc Conti
    Hus
    Artilleristen
    Mineure

09. März — Scharmützel bei Friedland

10. März — Scharmützel bei Carlshaven

12. März	Überfall von Carlshaven
Brunsing [8]	
H: 150 Jäger	
12. März	Gefecht bei Amelunxen
H: 150 Jäger	
14. März	Scharmützel bei Bergkirchen
BÜ: Karabiniers	
H: Luckner Hus	
X: Truppen	
14./15. März	Die Franzosen räumen Rinteln
17. März	Geplänkel bei Lippoldsberge
Brunsing	
H: 150 Jäger	ÖR: 1 Abt d'Arberg
18./19. März	Die Franzosen räumen Emden

Besatzung von Emden:
FeldmarschallLt Piza
- F: 2 Btl Eu
- 2 Esc Lusignan
- 2 Esc du Roi
- 2 Esc Orléans
- 2 Esc Bourbon Busset
- ÖR: 1 Btl Los Rios
- 1 Btl Carl Lothringen
- 1 Btl Platz
- 1 Btl Ligne
- 1 Btl Sachsen-Gotha
- 1 Btl d'Arberg
- Artillerie:
- 54 Mann
- 4 3-pfünder

19. März	Bielefeld wird besetzt
PN: Ruesch Hus	
21. März	Die Franzosen räumen Kassel
23. März	Die Franzosen räumen Paderborn
24. März	Gefecht bei Gildehaus(Nähe Bentheim))
BÜ: 200 Mann v. K J C	
100 Luckner Hus	
25. März	Besetzung von Paderborn

1. Quartal 1758

25. März　　　　**Überfall in Berleburg**
H: Jäger　　　　　　　　RN Waldeck:
X　150 Hus　　　　　　　　　Reichskontingent

26. März　　　　**Scharmützel bei Soest**
PN: Ruesch Hus

26. März　　　　**Gefecht bei Bentheim**
BÜ: 70 Mann v. K J C
H:　Luckner Hus

28. März　　　　**Gefecht in Soest**
 Maj v. Beust [9]
PN: Ruesch Hus　　　　　　F:　Drag
　Malachowsky Hus　　　　ÖR: Szechenny Hus
　Drag

2. Quartal 1758

05. Apr.   Vorpostenscharmützel bei Plettenberg
BÜ: Karabiniers v. K J C
PN: Malachowsky Hus
X: (Leichte Truppen??)

??.??   Eroberung von 2 Transportern auf dem Rhein [10]
Maj v. Bülow
H: 1 Komp Jäger

29. Mai   Gefecht bei Duisburg
GenMaj v. Wangenheim
H: 1 Btl Halberstadt
     Bock Drag
HE: 1 Btl Hanau

30. Mai   Besetzung von Emmerich
GenMaj Erbprinz
BS: 2 Btl Leibregiment
     2 Btl Garde
HE: 2 Btl Garde
     1 Btl Prinz Carl

30. Mai   Rheinübergang bei Ruhrort und Gefecht
                        bei Homberg/Rhein
Maj v. Scheither
H: 1 Abt Jäger Sht C   F: Royal Rousillon
    24 Luckner Hus   Champagne
                                     8 Komp Cambresis
                                     Artillerie:
                                        31 Mann
                                        4 Kanonen

30. Mai   Besetzung von Kaiserswerth
H: Luckner Hus

02. Juni   Herzog Ferdinand geht bei Emmerich über den Rhein
Herzog Ferdinand
GenLt Oberg
GenLt Erbprinz
GenLt Prinz Holstein
GenLt Prinz Anhalt
BS: 2 Btl Leibregiment
H: 1 Btl Zastrow
     2 Btl Garde
     1 Btl Jung Zastrow
     1 Btl Post ↘

2. QUARTAL 1758

(noch: 02. Juni Herzog Ferdinand geht bei Emmerich über den Rhein)

H: 1 Btl Hardenberg
    1 Btl Spörken
    1 Btl Druchtleben
    1 Btl Dreves
    1 Btl Bock
    1 Esc Garde du Corps
    1 Esc Gren à Cheval
HE: 1 Btl Garde
    1 Btl Mansbach
    1 Btl Prinz Anhalt
    1 Btl Fürstenberg
    1 Btl Prinz Carl
    2 Esc Leibregiment
    2 Esc Miltitz
    2 Esc Prinz Wilhelm
    4 Esc Leib Drag
PN: 5 Esc Holstein Drag
    5 Esc Finkenstein Drag
    3 Esc Ruesch Hus
    2 Esc Malachowsky Hus
X: Artillerie
    3 Haubitzen
    10 12-pfünder
    8 6-pfünder

02. Juni   **Scharmützel bei Duiffelward**
Maj. v. Beust
PN: 200 Ruesch Hus [11]   F: KavRgt Royal Cravattes [12]

03. Juni   **1. Gefecht bei Goch**
GenLt Prinz Holstein   Marquis Villemur
PN: 200 Finkenstein Drag   X: Truppen
    200 Ruesch Hus
X: 400 Gren

03. Juni   **Die Franzosen räumen Cleve**

03. Juni   **2. Gefecht bei Goch**
GenLt Prinz Holstein
H: 1 Btl Spörken
HE: 2 Esc Leibregiment
    4 Esc Leib Drag
PN: 200 Finkenstein Drag
    200 Ruesch Hus

05. Juni   **General Wutgenau geht bei Rees über den Rhein**
BÜ: K J C ↘

(noch 05. Juni General Wutgenau geht bei Rees über den Rhein)
BS: 1 Btl Behr
H: 1 Btl Block
    1 Btl Diepenbroick
    1 Btl Wangenheim
    1 Btl Reden
    2 Esc Leibregiment
    2 Esc Heise
    4 Esc Breidenbach Drag
HE: 1 Btl Leibregiment
    1 Btl Grenadier

07. Juni   Gefecht bei Hauinkel
BÜ: 70 Mann K J C

08. Juni   Gen Spörken geht über den Rhein
BS: 1 Btl Behr
H: 1 Btl Füselier
    1 Btl Linstow
    1 Btl Grothe
    1 Btl Scheele
    1 Btl Stolzenburg
    1 Btl Kielmannsegge
    1 Btl Behr
    2 Esc Grothaus
    2 Esc Breidenbach
    2 Esc Hammerstein
    2 Esc Reden
    4 Esc Dachenhausen Drag

08. Juni   Reitergefecht bei Sonsbeck
PN: 200 Finkenstein Drag   F: 400 Hus
    200 Ruesch Hus

09. Juni   Recogniscierungsgefecht bei Alpen
Herzog Ferdinand
GenLt Erbprinz
BS: 2 Btl Leibregiment   F: (u.a.):
H: 2 Btl Garde   Royal Suédois
    1 Btl Block   La Marine
    1 Btl Diepenbroick
    1 Btl Wangenheim
    1 Btl Zastrow
    4 Esc Breidenbach Drag
HE: 4 Esc Leib Drag
PN: 3 Esc Ruesch Hus
    2 Esc Malachowsky Hus

2. Quartal 1758

12. Juni   **Treffen bei Rheinberg**

Herzog Ferdinand   GenLt Comte de Clermont
BÜ: K J C   F: La Marine
BS: 2 Btl Leibregiment   Vaubecourt
     1 Btl Zastrow   Royal Suédois
     2 Btl Behr
H: 2 Btl Garde
     1 Btl Jung Zastrow
     1 Btl Post
     1 Btl Hardenberg
     1 Btl Spörken
     1 Btl Druchtleben
     1 Btl Dreves
     1 Btl Bock
     1 Btl Füselier
     1 Btl Linstow
     1 Btl Grote
     1 Btl Scheele
     1 Btl Stolzenberg
     1 Btl Kielmannsegge
     1 Btl Behr
     1 Btl Block
     1 Btl Diepenbroick
     1 Btl Wangenheim
     1 Btl Reden
     1 Esc Garde du Corps
     1 Esc Grenadier à Cheval
     2 Esc Grothaus
     2 Esc Breidenbach
     2 Esc Hammerstein
     2 Esc Reden
     2 Esc Hodenberg
     2 Esc Bremer
     2 Esc Leibregiment
     2 Esc Heise
     4 Esc Breidenbach Drag
     4 Esc Bock Drag
     4 Esc Dachenhausen Drag
HE: 1 Btl Garde
     1 Btl Leibregiment
     1 Btl Grenadier
     1 Btl Mansbach
     1 Btl Prinz Anhalt
     1 Btl Fürstenberg
     1 Btl Prinz Carl
     2 Esc Leibregiment
     2 Esc Miltitz ↘

(noch: 12. Juni Treffen bei Rheinberg)
HE: 2 Esc Prinz Wilhelm
     4 Esc Leib Drag
PN: 5 Esc Holstein Drag
     5 Esc Finkenstein Drag
     3 Esc Ruesch Hus
     2 Esc Malachowsky Hus

15. Juni — Husarenscharmützel bei Krefeld
Maj v. Beust
PN: Ruesch Hus   F: Turpin Hus

15. Juni — Gen. Wangenheim geht über den Rhein
BÜ: 1 Btl Bückeburg
H: 1 Btl Scheither
     1 Btl Halberstadt
     Luckner Hus
     Sht C
H: 140 Jäger
HE: 1 Btl Hanau

15. Juni — Überfall auf den französischen Artilleriepark bei Krefeld
H: 180 Luckner Hus

21. Juni — Scharmützel bei Altenbuseck
H: Jäger   F: 85 Jäger Freicorps Fischer
HE: Hus   180 Nassau Hus

23. Juni — Schlacht bei Krefeld
Herzog Ferdinand   GenLt Comte de Clermont
BÜ: 1 Btl Bückeburg   F: 4 Btl Picardie
BS: 2 Btl Leibregiment   4 Btl Auvergne
     2 Btl Behr   4 Btl Belzunce
H: 2 Btl Garde   4 Btl La Tour du Pin
     1 Btl Scheither   4 Btl Champagne
     1 Btl Spörken   4 Btl Navarre
     1 Btl Bock   2 Btl Enghien
     1 Btl Hardenberg   2 Btl Bretagne
     1 Btl Wangenheim   2 Btl Rohan Rochefort
     1 Btl Block   4 Btl La Marine
     1 Btl Post   2 Btl Condé
     1 Btl Dreves   2 Btl Aquitaine
     1 Btl Behr   2 Btl Talaru
     1 Btl Linstow   4 Btl Grenadiers de France
     1 Btl Jung Zastrow   4 Btl Gren royaux:
     1 Btl Brunk   Modène
     1 Btl Druchtleben   Aulans ↘

2. QUARTAL 1758   - 27 -

(noch: 23. Juni Schlacht bei Krefeld)

H: 1 Btl Scheele   F: 2 Btl Chantilly
    1 Btl Reden   2 Btl Bergeret
    2 Esc Heise   2 Btl Provence
    2 Esc Hammerstein   2 Btl Orléans
    2 Esc Grothaus   2 Btl Vaubecourt
    2 Esc Reden   1 Btl Tournaisis
    2 Esc Breidenbach   2 Btl Aumont (Mazarin)
    2 Esc Leibregiment   2 Btl Touraine
    2 Esc Hodenberg   2 Btl Chartres
    2 Esc Bremer   1 Btl La Marck
    4 Esc Bock Drag   2 Btl La Couronne
    4 Esc Dachenhausen Drag   2 Btl du Roi
    4 Esc Breidenbach Drag   2 Btl Brancas
    1 Esc Luckner Hus   2 Btl Lochmann
    2 Komp zu Fuß)   von Scheith-   2 Btl Jenner[13]
    4 Komp zu Pferd) ers Corps   2 Btl Reding
HE: 4 Komp Jäger zu Fuß   2 Btl Castellas
    4 Komp Jäger zu Pferd   2 Btl Planta
    1 Btl Garde   2 Btl Périgord
    1 Btl Grenadier   2 Btl Eu
    1 Btl Leibregiment   2 Btl Royal Suédois
    1 Btl Anhalt   Conti
    1 Btl Prinz Carl   Royal Comtois
    1 Btl Hanau   Royal Corse
    1 Btl Mansbach   Royal Barrois
    2 Esc Leibregiment   Salis
    2 Esc Prinz Wilhelm   Cambresis
    2 Esc Miltitz   Berwick
    4 Esc Leib Drag   3 Esc Colonel Général
PN: 5 Esc Finkenstein Drag   2 Esc La Rochefoucault
    5 Esc Holstein Drag   2 Esc Bourgogne
    3 Esc Ruesch Hus   2 Esc Montcalm
    2 Esc Malachowsky Hus   2 Esc Condé
Artillerie: 2 Esc Fumel
      6 18-pfünder   2 Esc Harcourt
      14 12-pfünder   2 Esc Royal Roussillon
      2 10-pfünder franz. Beutege-   2 Esc Royal Piémont
      10 6-pfünder schütze   2 Esc Traségnies
      6 Haubitzen   2 Esc Bourbon Busset
      6 Mörser   2 Esc Archiac
X: Aus allen Regimentern: 2 Esc Aquitaine
    1 Btl Gren Schack   2 Esc Dampier
    1 Btl Gren Schulenburg   2 Esc Crussol
    1 Btl Gren Cramm   2 Esc Marcieu
                                                  2 Esc Charost
                                                  2 Esc Royal Étrangers
                                                  2 Esc Berry ↘

(noch: 23. Juni Schlacht bei Krefeld)

F: 2 Esc La Reine
2 Esc Vienne
2 Esc Chabrillant
2 Esc St.Jal
2 Esc Curassiers du Roi
2 Esc Royal Cravattes
2 Esc Noailles
2 Esc Grammon Fallon
2 Esc Le Dauphin
2 Esc Talleyrand
2 Esc Orléans
2 Esc Chartres
2 Esc Lénoncourt
Mestre de Camp Général
10 Esc Royal Carabiniers
2 Esc du Roi
2 Esc Moustiers
2 Esc Noë
4 Esc Colonel Général Drag
4 Esc Orléans Drag
4 Esc Le Roi Drag
4 Esc Caraman Drag
6 Esc Berchiny Hus
6 Esc Turpin Hus
12 Komp Legion royale
6 Komp Volontaires de Flandre
Artillerie:
  1 Btl La Motte
  1 Btl Menonville
  1 Btl Cosne
3 Komp Handwerker
2 Komp Mineure

27. Juni   Einnahme von Roermonde

GenLt Erbprinz
GenMaj Einsiedel
GenMaj Urff
GenMaj Gilsa
BS: 2 Btl Leibregiment
H: 1 Btl Post
    1 Btl Dreves
HE: 1 Btl Garde
    1 Btl Leibregiment
    2 Esc Leibregiment
    2 Esc Prinz Wilhelm
    2 Esc Miltitz

2. Quartal 1758

(noch 27. Juni Einnahme von Roermonde)
HE: 4 Esc Leib Drag
PN: 2 Esc Malachowsky Hus

3. Quartal 1758

07. Juli   **Einnahme von Düsseldorf**
GenMaj v. Wangenheim
BÜ: 1 Btl Bückeburg   F: Vastan
H: 1 Btl Halberstadt   Foix
     Sht C   Périgord
     2 Esc Bock   ÖR und RN Pfalz:
HE: 1 Btl Hanau   8 Btl ???
     Artillerie:
       4 Haubitzen
       6 Kanonen

10. Juli   **Vorpostengefecht bei Sicherthausen**
                          Oberst Wurmser
H: Jäger von Freytags J C   F: Infanterie Freicorps Fischer
HE: Hus

14. Juli   **Vorpostengefechte bei Frauenweiler**
Vortruppen

14./15. Juli   **Gefecht bei Neuß**
PN: Kavallerie
X: 6 Btl ??

15. Juli   **Gefecht an der Pfaffenmütze**
H: 52 Mann   F: 500 Mann
                                         2 Geschütze

16. Juli   **Recogniscierungsgefecht bei Schwan (nahe Wesel)**
BÜ: K J C

16. Juli   **Räumung von Marburg**

16. Juli   **Arrieregardengefecht bei Schönbach und Cölbe**
Arrieregarde vom Corps Isenburg
H: Jäger v. Freytags J C   F: Freicorps Fischer
HE: Jäger
     Hus

16. — 20. Juli   **Scharmützel der Leichten Truppen des Korps Isenburg beim Rückzug nach Kassel**
H: Jäger   F:Freicorps Fischer
HE: Jäger
     Hus

17. Juli   **Eroberung der Brücke von Pfaffenmütze**
BS: 2 Btl Leibregiment ↘

3. Quartal 1758

(noch 17. Juli Eroberung der Brücke von Pfaffenmütze)
BS: 150 Jäger
H: 1 Btl Spörcken
    1 Btl Zastrow
    4 Esc Breidenbach Drag

19. Juli   Vortruppengeplänkel bei Grevenbroich
X: Leichte Truppen (?)

21. Juli   Ziegenhain wird wieder besetzt
H: 3 Offz   F: Freicorps Fischer
    90 Mann

23. Juli   Treffen bei Sandershausen
GenLt Prinz Isenburg   Duc de Broglio
H: Jäger v. Freytags J C   F: 3 Komp Gren
HE: 1 Btl Prinz Isenburg   Royal Deux Ponts
    1 Btl Canitz   2 Btl Waldner
    1 Btl Wurmb   2 Btl Diesbach
    1 Btl Gundlach   2 Btl Royal Bavière
    2 Komp Invaliden   1 Btl Royal Deux Ponts
    Jäger zu Fuß   2 Btl Rohan
    2 Esc Prüschenk   2 Btl Beauvoisis
    1 Esc Prinz Friedrich Drag   Volontaires d'Alsace
    Hus   Volontaires de Nassau
    10 Geschütze   2 Esc Royal Allemande
                                  2 Esc Royal Nassau
                                  2 Esc Württemberg
                                  2 Esc Rougrave (Raugraf)
                                  4 Esc d'Apchon Drag
                                  Artillerie:
                                      10 4-pfünder
                                      8 leichte Geschütze

24. Juli   Überfall bei Roermonde
Oberst Linstow
H: 1 Esc Luckner Hus
X: 8 Komp Gren
    1 Esc Kavallerie
    2 6-pfünder

28. Juli   Überfall bei Waldniel
Maj Dubois
X: 150 Mann (?) [14]   X: 4 Esc (?)

01. Aug.   Vorpostengefechte bei Roermonde
Korps Erbprinz
X: Leichte Truppen

3. Quartal 1758

01. Aug.   GenMaj Wangenheim besetzt Brügge

01. Aug.   Arrieregardengefecht bei Roermonde

Oberst Linstow   General Beuseval
H: 1 Esc Luckner Hus   ÖR: Truppen
X: 8 Komp Gren
    1 Esc Kavallerie

01. Aug.   Die Besatzung von Düsseldorf räumt die Stadt

BÜ: 1 Btl Bückeburg
H: 1 Btl Hardenberg

02. Aug.   Vorpostengefechte bei Dülken und Waldniel

General Spörcken
X: Gren der 1.Kolonne   F: Berchiny Hus
    Hus der Avantgarde   Turpin Hus
                                                 Volontaires royaux

03. Aug.   Gefecht bei Wachtendonk

GenMaj Urff mit 1 Abteilung(u.a.):
HE: 1 Esc Leibdragoner
X: Gren
    Hus der Avantgarde

05. Aug.   Gefecht bei Mehr

GenLt Imhoff   GenLt Chabo
BÜ: 40 Karabiniers   F: 4 Komp Gren
BS: 2 Btl Imhoff (einschl. Gren)   2 Btl Reding
H: 1 Btl Stolzenburg   2 Btl La Marck
    1 Btl Sachsen Gotha   1 Btl Bassois(?) [15]
    4 Esc Busche Drag   2 Btl Brancas
HE: 1 Btl Erbprinz (einschl. Gren)   1 Btl Périgord
    1 Btl Toll   1 Btl Foix
                                                1 Btl Lorraine
                                                Vastan
                                                Conti
                                                9 Komp Miliz
                                                200 Mann Legion royale
                                                4 Esc Du Roi Drag
                                                Reiter der
                                                             Volontaires de Pagel
                                                            Volontaires de Murat
                                                            Volontaires de Campefort
                                                300 Pioniere
                                                12 Geschütze

07. – 10. Aug.   Rückzug der Alliierten Armee über den Rhein

3. QUARTAL 1758 - 33 -

08. – 12. Aug.   Rheinübergang der französischen Armee

09. Aug.   Überfall bei Salzderhelden
H: Jäger v. Freytags J C   X: 300 Mann Kavallerie

10. Aug.   Arrieregardenscharmützel beim Rheinübergang der Alliierten Armee
H: 1 Btl Kielmannsegge
    1 Komp Jäger
    Sht C
HE: 1 Btl Leibregiment
    1 Btl Prinz Carl
    1 Btl Fürstenberg
PN: 5 Esc Holstein Drag
    5 Esc Finkenstein Drag
    3 Esc Ruesch Hus
    2 Esc Malachowsky Hus
Z: 3 Btl Gren

22. Aug.   Scharmützel bei Coesfeld
BÜ: Karabiniers

22. Aug.   Überfall bei Bocken
 Oberst Luckner
H: Luckner Hus

23. Aug.   Überfall bei Gesecke
 Oberst Luckner
H: Luckner Hus   F: 32 Nassau Hus

03. Sept.   Überfall bei Glandorf/Lippe
H: Sht C

05. Sept.   Überfall bei Gartrop
H: Sht C

06. Sept.   Überfall auf einen Transport bei Schernbeck
 Kpt Scheither
H: 60 Reiter v. Sht C

06. Sept.   Überfall bei Dorsten
 Kpt Scheither
H: 60 Reiter v. Sht C

07. Sept.   Scharmützel bei Münden
HE: Jäger

08. Sept.   Scharmützel bei Göttingen
HE: Hus

11. Sept.   Überfall auf die Besatzung der Trendelburg
HE: Jäger

12. Sept.   Gefechte bei Hofstadt und Soest
Oberst Luckner
H: Luckner Hus

13. Sept.   Gefecht in der Östinger Heide
Oberst Luckner   Gen Graf Chabo
H: Luckner Hus   X: Truppen

16. Sept.   Gefecht bei Warburg
GenMaj Bock   Oberst Waldner
H: Bock Drag   F: 4 Btl ??
       Luckner Hus

17. Sept.   Scharmützel bei Hovestadt
BÜ: 20 Karabiniers v. K J C

17. Sept.   Scharmützel bei Cappenburg
Hptm v. Villars mit:
X: 1 Infanterieposten   F: Gren

21. Sept.   Eroberung des Schlosses Trendelburg
Maj v. Freytag
H: 150 Jäger
       2 Geschütze

24. Sept.   Scharmützel bei Effel
BÜ: 20 Karabiniers v. K J C

25. Sept.   Scharmützel bei Ober-Vellmar
H: Luckner Hus

26. Sept.   Beschießung von Münden
                             Besatzung:
H: Jäger v. Freytags J C   F: Brig Alsace

29. Sept.   Überfall bei Bork
GenLt Prinz v. Holstein   Marquis de St.Pern mit:
H: 1 Btl Druchtleben   F: 4 Btl Grenadiers de France
       1 Btl Halberstadt   4 Btl Grenadiers royaux
HE: 1 Btl Garde   Modène
       1 Btl Mansbach   Chantilly ↘

3. QUARTAL 1758

(noch 29. Sept. Überfall bei Bork)

                     F: 10 Komp Piquets u.a. aus den
                                Rgt'ern:
                                Navarre(Gren)
                                Orléans,
                                Provence
                          10 Esc Carabiniers
                          2 Esc Le Roi
              RN Pfalz:
                          Piquets der Brig Kurpfalz

29. Sept.   **Gefecht bei Kappenberg**
PN: Hus

4. Quartal 1758

01. Okt.   Vorpostenscharmützel bei Erwitte
BÜ: K J C

03. Okt.   Vorpostenscharmützel bei Kassel
HE: Jäger

04. Okt.   Gefecht bei Sandershausen
Maj v. Fürstenberg
Vom Korps Oberg:
X: 3 Btl Infanterie
    4 Esc Kavallerie

04. Okt.   Gefecht bei ??? (an einer Lahnbrücke)
                              Marquis de Crillon
                      F: Royal Bavière
                             Royal Deux Ponts

05. Okt.   Arrieregardengefecht bei Lippstadt
                    (beim Abmarsch des "Korps Chevert" nach Hessen)
BÜ: K J C

07. Okt.   Scharmützel bei Benningsen
BÜ: K J C

10. Okt.   Treffen bei Lutterberg

GenLt Oberg		GenLt de Soubise
BÜ: 1 Btl Bückeburg	F:	4 Btl Piemont
BS: 1 Btl Zastrow		4 Btl Belsunce
H: 1 Btl Block		4 Btl La Marine
1 Btl Jung Zastrow		2 Btl Rohan
1 Btl Linstow		2 Btl Waldner
1 Btl Alt Zastrow		2 Btl Diesbach
1 Btl Post		2 Btl Bentheim
1 Btl Oberg		2 Btl Castellas
1 Btl Diepenbroick		2 Btl Planta
1 Btl Wangenheim		2 Btl Royal Bavière
1 Btl Marschall		2 Btl Royal Deux Ponts
1 Btl FüselierBtl Fersen		3 Btl Alsace
2 Esc Rheden		2 Btl Löwendahl
4 Esc Busch Drag		2 Btl Rohan Rochefort
4 Esc Bock Drag		2 Btl Touraine
Jägercorps		2 Btl Chartres
HE: 1 Btl Fürstenberg		2 Btl La Couronne
1 Btl Toll		1 Btl Bergh
1 Btl Erbprinz		1 Btl Perigord
1 Btl Hanau		2 Btl Beauvoisis ↘

4. QUARTAL 1758 - 37 -

(noch: 10. Okt. Treffen bei Lutterberg)

HE: 1 Btl Canitz
    1 Btl Isenburg
    2 Esc Prüschenk
    2 Esc Leibregiment
    2 Esc Prinz Wilhelm
    4 Esc Prinz Friedrich Drag

F: 2 Btl Royal Suédois
    1 Btl Berwick
    2 Btl La Dauphine
    Volontaires de Flandre
    Volontaires Fischer
    Legion royal
    2 Esc Chabrillant
    2 Esc St.-Jal
    2 Esc Bourbon Busset
    2 Esc Chartres
    2 Esc Orléans
    2 Esc Curassiers du Roi
    2 Esc Commisaire général
    2 Esc Dauphin
    8 Esc Gens d'Armes
    2 Esc Royal Allemande
    2 Esc Des Salles
    2 Esc Nassau
    2 Esc Royal Étrangers
    2 Esc Charost
    2 Esc Aquitaine
    2 Esc Crusol
    2 Esc Condé
    2 Esc Rougrave
    2 Esc Poly
    2 Esc Württemberg
    2 Esc La Viefville
    2 Esc Berry
    2 Esc Royal Piemont
    4 Esc d'Apchon Drag
    4 Esc Nassau Hus
    6 Esc Berchiny Hus
    Cavallerie liégois
    Artillerie:
        6.Btl (de Cosne)

SA: 1 Btl Garde zu Fuß
    1 Btl Prinz Friedrich August
    1 Btl Prinz Maximilian
    1 Btl Prinz Xaver
    1 Btl Prinz Josef
    1 Btl Prinz Clemens
    1 Btl Prinz Gotha
    1 Btl Kurprinzessin
    1 Btl Graf Brühl
    1 Btl Minckwitz
    1 Btl Lubomirski ↘

(noch: 10. Okt. Treffen bei Lutterberg)

        SA: 1 Btl Rochow
              Artillerie:
                 2 Komp 24 4-pfünder
        WÜ: 2 Btl Werneck
              2 Btl Prinz Louis
              2 Btl Spitznas
              2 Btl Truchseß
              2 Btl Roeder
              1 Btl 1.Grenadier Btl
              1 Btl 2.Grenadier Btl
              1 Btl 3.Grenadier Btl
      RN-Pfalz:
              2 Btl Osten
              2 Btl Baden

11. Okt.   **Arrieregardengefecht bei Lutterberg**
Arrieregarde des Korps Oberg mit u.a.:
H: Jäger v. Freytags J C

11. Okt.   **Scharmützel bei Lippstadt**
BÜ: K J C

14.(?)Okt.   **Gefecht bei Witzenhausen**
            WÜ: Spitznas
                    Prinz Louis

18. Okt.   **Gefecht bei Soest**
 GenLt Erbprinz   Herzog de Chevreuse
BS: 2 Btl Leibregiment
GB: 2 Esc Inniskilling   X: 5000 Mann, u.a.
      2 Esc Grey Horses   F: 1 Btl Talaru
H: 1 Btl Spörcken   Champagne
      1 Btl Stolzenburg
HE: 1 Btl Grenadier Rgt
      1 Btl Prinz Carl
      2 Esc Miltitz
      4 Esc Leibdragoner
PN: 3 Esc Ruesch Hus
      2 Esc Malachowsky Hus

18. Okt.   **Vorpostengefecht bei Münster**
H: Sht C

19. Okt.   **Gefecht bei Werl**

20. Okt.   **Überfall auf ein Magazin in Lünen**
H: Sht C

4. QUARTAL 1758   - 39 -

20./21. Okt. Scharmützel bei Rhüden und Meschede
BÜ: K J C

22. Okt. Scharmützel bei Soest
Maj v. Beust
PN: 3 Esc Ruesch Hus X: 300 Mann Infanterie/Kavallerie

24. Okt. Gefecht in Ahlen
BÜ: K J C

24. Okt. Gefecht bei Münster
GenLt Kielmannsegge
H: Sht C
X: 300 Mann Infanterie
  1 Esc Kavallerie

25. — 27. Okt. Münster wird belagert
Besatzung von Münster: Belagerungskorps
GenLt Graf Kielmannsegge Gen d'Armentieres
H: 1 Btl Dreves F: (u.a.:)
  1 Btl Scheele   2 Esc Bourgogne
  1 Btl Reden   2.Rgt d'Artillerie
H: 2 Esc Grothaus
  2 Esc Hodenberg

01. Nov. Scharmützel bei Drensteinfurth
H: Hus v. Sht C

05. Nov. Patrouillengefecht an der Lippe bei ???
H: Luckner Hus

11. Nov. Gefecht bei Erwitte
Rittmeister v. Wöllworth
X: 100 Reiter
  1 Abt Jäger

14. Nov. Besetzung von Witzenhausen
HE: 1 Komp Jäger
  60 Hus
  50 Mann kommandierte Kavallerie

16. Nov. Scharmützel bei Witzenhausen
        OberstLt de la Gresle
HE: Jägercorps F: 4 Komp Gren und
  60 Hus   300 Mann vom Rgt Beauvoisis
X: 200 Mann Infanterie
  50 Mann Kavallerie
  100 Scharfschützen (H: Sth S C ??)

16. Nov.	Räumung von Witzenhausen	
16. Nov.	**Schloß Spangenberg wird besetzt**	
HE: 42 Invaliden	F:	2 Komp Löwendahl
23. Nov.	**Kassel wird geräumt**	
01. Dez.	**Die Festung Rheinfels wird von den Franzosen überrumpelt**	

Besatzung: GenLt de Castries
HE: 300 Mann Landmiliz   F: 1 Btl St.Germain
              4 Esc La Ferronay Drag

28. Dez.   **Gefecht bei Lunschal**
OberstLt Luckner
X: Truppen

Das Jahr 1759

1. Quartal 1759

02. Jan.   **Frankfurt/Main wird von den Franzosen besetzt**

                 Brigadier Baron Wurmser
- F: 2 Btl Rohan Rochefort
- 2 Btl Rohan Montbazon
- 2 Btl Beauvoisis
- 2 Btl Bentheim
- 1 Btl Nassau
- 2 Btl Royal Deux Ponts
- 400 Reiter Archiac
- 300 d'Apchon Drag

01. Feb.   **Überfall bei Friedewald**
HE: Jäger
Hus
- F: 1 Kapitän
- 40 Reiter

01. Feb.   **Überfall bei Philippsthal**
HE: Jäger
Hus

09. Feb.   **Scharmützel bei Hersfeld**
HE: 6 Reiter
- ÖR: 16 Czezenni Hus

01. Feb.   **Überfall in Almershausen**
H: Jäger
HE: Jäger
- ÖR: 16 Czezenni Hus

20. Feb.   **Husarenscharmützel bei Hersfeld**
HE: 10 Hus
PN: 40 Ruesch Hus

01. März   **Überfall auf Friedewald**
Avantgarde des Korps Erbprinz
GenLt Imhoff
H: 1 Komp Gren v. Rgt Post   ÖR: Czezenni Hus
     1 Komp Gren. v. Rgt Linstow
     1 Komp Gren v. Rgt Zastrow
HE: 1 Komp Gren v. Rgt Canitz
     2 Komp Jäger
     1 Esc Hus
PN: 2 Esc Ruesch Hus
X: 200 kommandierte Reiter

01. März   **Scharmützel bei Schenklengsfeld**
H: Jäger

1. Quartal 1759

01./02. März   **Vorpostengefecht bei Hersfeld**
H: Jäger
PN: 1 Esc Ruesch Hus
X: 100 Mann Kavallerie

02. März   **Vorpostengefecht bei Phillipsthal**
  Maj v. Bothmer
HE: 100 Jäger
X: 100 Hus
     60 Mann Kavallerie

03. März   **Gefecht in Buer**
BÜ: K J C

??. März   **Hersfeld wird überfallen**

12. März   **Gefecht bei Vacha**
HE: Jäger
     Hus
PN: Hus

14. März   **Übergabe von Schloß Bentheim**

20. März   **Scharmützel bei Nieder-Laaspe**
H: Jäger

27. März   **Besetzung von Fulda**
X: 500 Gren der Avantgarde   Z: Stadtmiliz
     des Korps Erbprinz.
     Aus den Rgt'ern
     H: Post,
         Linstow
         Zastrow
     HE: Canitz

27. März   **Scharmützel bei Fulda**
HE: Truppen   F: Hus

31. März   **Scharmützel bei Melrichstadt**
PN: 3 Esc Ruesch Hus   ÖR: 1 Btl Blau Würzburg
                                     4 Esc Hohenzollern Kürassiere

2. Quartal 1759

01. Apr.   **Besetzung von Meiningen**

Vom Korps Erbprinz:
BS: GrenBtl Dehn
     GrenBtl Cramm
H: Jäger
HE: GrenBtl Mirbach
     GrenBtl Papenheim

RN Kur Köln:
    1 Btl Leibregiment
    1 Komp. Gren v. Rgt. Wildenstein
RN Münster
    1 Btl Elverfeld

01. Apr.   **Gefecht bei Wasungen und Besetzung von Wasungen**

Vom Korps Erbprinz:
BS: GrenBtl Dehn
     GrenBtl Cramm
H: Jäger
HE: GrenBtl Mirbach
     GrenBtl Papenheim

ÖR: 6 Komp Gren der Rgt'er:
    Hildburghausen
    Botta
    Harrach
    2 Btl Hildburghausen
RN Münster
    1 Btl Nagel

01. Apr.   **Gefecht bei Freiensteinau**

GenMaj v. Bose
HE: 1 Btl Leibregiment
PN: 3 Esc Drag
     1 Esc Ruesch Hus
     1 Komp Jäger
X: 400 Mann Infanterie
    200 Mann Kavallerie

F: 400 Volontaires d'Alsace
     Kavallerie

01. Apr.   **Gefecht bei Tann und Besetzung von Tann**

H: 100 Jäger
   Sth S C (?)
HE: 60 Hus
PN: 100 Drag

ÖR: 6 Esc Bretlach
     Savoyen

02. Apr.   **Gefecht bei Schmalkalden**

Gen Arberg
Gen Kolb

Vom Korps Erbprinz:
HE: 1 Btl Toll
X: 3 Btl Infanterie
    Kavallerie

ÖR: 2 Btl Harrach
     2 Btl Botta
     2 Btl Hildburghausen
RN: 4 Rgt'er ??

02. Apr.   **Scharmützel bei Lauterbach**

Lt v. Usedom
PN: 1 Abt Ruesch Hus

F: Volontaires d'Alsace

2. QUARTAL 1759

03. Apr. Gefecht bei Suhl
GenMaj Graf v. d. Schulenburg
X: Gren
   Drag
   Hus
ÖR: Nachhut der Truppen
     des Generals Arberg [16]

03. Apr. Arrieregardengefecht bei Bonshausen
H: Jäger

06./07. Apr. Eroberung der Feste Ulrichstein
                    OberstLt v. Ried
HE: 1 Btl Garde d'Alsace
HE: 1 Btl Grenadier
     1 Btl Erbprinz
     1 Btl Gilsa
     3 Komp Jäger
PN: 3 Esc Finkenstein Drag
     1 Esc Ruesch Hus
     1 Komp Jäger
F: 150 Gren d. Volontaires
    70 Jäger
    30 Drag

08. Apr. Gefecht bei Treysa
HE: 2 Esc Miltitz
F: Volontaires de Flandre
   1 Abt Volontaires Étrangers
      de Clermont Prince
   6 Esc Turpin Hus

11. Apr. Gefecht bei Birstein
Maj v. Freytag
H:
PN: 2 Esc Ruesch Hus
Jäger F: 1 Abt Piémont

12. Apr. Gefecht bei Windecken
BS: GrenBtl Dehn
     GrenBtl Cramm
H: Jäger
HE: 1 Btl Anhalt
     4 Esc Leib Drag
F: 1 Abt Royal Roussillon

13. Apr. Schlacht bei Bergen
                    Marquis de Contades
Herzog Ferdinand   GenLt Duc de Broglie
BS: 2 Btl Leibregiment
     2 Btl Behr
     2 Btl Imhoff
     1 Btl Zastrow
GB: 2 Esc Grey Horses
     2 Esc Inniskilling
F: 2 Btl Royal Suédois
   2 Btl Royal Deux Ponts
   1 Btl Royal Pologne
   2 Btl Planta
   2 Btl Waldner
   4 Btl Piémont ↘

(noch: 13. Apr. Schlacht bei Bergen)

GB: 3 Esc Royal Horse Guard
(The Blues)
H: 1 Btl Post
1 Btl Linstow
1 Btl Marschall
1 Btl Wreden
1 Btl Füselier Fersen
2 Esc Hammerstein
4 Esc Dachenhausen Drag
HE: 1 Btl Mansbach
1 Btl Prinz Anhalt
1 Btl Garde
1 Btl Grenadier
1 Btl Erbprinz
1 Btl Leibregiment
1 Btl Gilsa
1 Btl Prinz Carl
1 Btl Prinz Isenburg
1 Btl Canitz
1 Btl Hanau
2 Esc Prüschenk
2 Esc Leibregiment
2 Esc Prinz Wilhelm
4 Esc Prinz Friedrich Drag
4 Esc Leibdragoner
Jäger
PN: 5 Esc Prinz Holstein Drag
3 Esc Ruesch Hus

F: 1 Btl (2./)Royal Roussillon
2 Btl Alsace
2 Btl Rohan Montbazon
2 Btl Beauvoisis
2 Btl Castellas
2 Btl Diesbach
1 Btl St.Germain
2 Btl Le Dauphin
2 Btl Enghien
2 Btl Anhalt
1 Btl Bergh
2 Btl Royal Bavière
1 Btl Nassau Usingen
1 Btl Nassau Saarbrücken
2 Btl Vaubecourt
1 Abt Durfort
2 Esc Archiac
2 Esc Commissaire Général
2 Esc Balincourt
2 Esc Lameth Hennecourt
2 Esc Toustain Viray
2 Esc Montcalm
2 Esc Moustiers
2 Esc Penthièvre
2 Esc Poly
2 Esc Des Salles
2 Esc Vienne
2 Esc Royal Allemande
2 Esc Nassau Saarbrücken
2 Esc Württemberg
2 Esc Cavallerie liègeoise
4 Esc La Ferronay Drag
4 Esc Le Roi Drag
4 Esc d'Apchon Drag
700 Volontaires d'Alsace
Artillerie:
2 Brig Artillerie Corps:
   Beausire(4./)
   Chabrie (5./)
   45 schwere Geschütze
   ca.50 Regimentsgeschütze
SA: 1 Btl Garde zu Fuß
1 Btl Kurprinzessin
1 Btl Prinz Friedrich August
1 Btl Prinz Karl August
1 Btl Prinz Josef
1 Btl Prinz Anton ↘

2. QUARTAL 1759 - 47 -

(noch: 13. Apr. Schlacht bei Bergen)

        SA: 1 Btl Prinz Xaver
                 1 Btl Prinz Clemens
                 1 Btl Graf Brühl
                 1 Btl Fürst Lubomirski
                 1 Btl Rochow
                 1 Btl Prinz v. Sachsen Gotha
                 2 Komp Artillerie
                    24 4-pfünder

15. Apr.   **Überfall auf Marburg**
OberstLt v. Trümbach
PN: Volontaires de prusse

18. Apr.   **Arrieregardengefecht bei Bisses**
Prinz v. Holstein [17]
BS: 1 Btl Gren   F: Freicorps Fischer
     1 Btl Infanterie   X: Truppen unter Gen.Blaizel
PN: 5 Esc Finkenstein Drag
     5 Esc Prinz Holstein Drag
     3 Esc Ruesch Hus
X: Jäger

19. Apr.   **Arrieregardengefechte zwischen Münster und Queckborn**
BS: 1 Btl Gren   F: Volontaires d'Hallet
PN: 2 Esc Finkenstein Drag   Turpin Hus

20.und 21. Apr.   **Gefechte bei Fulda**
                          Rittmeister v. Kainrath
BS: Infanterie   ÖR: 100 Czezenni Hus
HE: Infanterie
     Drag
PN: Hus

24. Apr.   **Gefecht bei Schlitz**
                          Rittmeister v. Kainrath
X: 60 Reiter   ÖR: 100 Czezenni Hus

28. Apr.   **Überfall bei Herneberg**
BÜ: K J C

02. Mai   **Überfall bei Hünfeld**
HE: 1 Abt Hus

03. Mai   **Überfall von Buer**
BÜ: 60 Karabiniers
     40 Jäger v. K J C

2. QUARTAL 1759

07. Mai — **Gefecht bei Hilders (nahe Tann/Rhön)**
Gen. Urff
H: Jäger
HE: 2 Esc Leibregiment
    1 Esc Hus
ÖR: 300 Czezenni Hus
      200 Panduren

3. Mai — **Gefecht bei Ulrichstadt/Wasungen**
PN: Hus

05. Juni — **Überfall von Elberfeld**
GenLt Erbprinz
Oberst Freytag
Hptm Bauer
H: Jäger
PN: 3 Esc Ruesch Hus
    Volontaires de prusse

F: OberstLt Chevalier de Montfort
   120 Mann Inf Rgt Provence
   30 Mann Legion royale

07. Juni — **Ziegenhain wird besetzt**
F: 15 Offiziere, 270 Mann

10. Juni — **Gefecht bei Nieder-Zwehren**
H: Sth S C
F: 1 Abt Volontaires de Clermont
   1 Abt Volontaires d'Alsace

10. Juni — **Räumung von Kassel**

13. Juni — **Gefecht bei Fürstenberg**
    d'Auvet
H: Jäger v. Freytags J C
HE: Hus
X: 7 Komp Gren
F: Vortruppen, u.a.:
   Volontaires de Dauphiné
   Turpin Hus

14. Juni — **Gefecht bei Wünnenberg**
    d'Auvet
H: Jäger v. Freytags J C
HE: Hus
    50 Prinz Friedrich Drag
X: 7 Komp Gren
F: Vortruppen, u.a.:
   Volontaires de Dauphiné
   Turpin Hus

19. Juni — **Vorpostengefecht bei Dorsten**
X: Leichte Truppen

20. Juni — **Scharmützel bei Bocke**
PN: Volontaires de prusse

21./22. Juni — **Scharmützel vor Lippstadt**
BÜ: 1 Abt K J C

2. QUARTAL 1759 - 49 -

25. Juni   **Scharmützel bei Bocke und Delbrück**

                                    Graf Berchiny

HE: Jäger   F: 150 Gren
      160 Hus   200 Freiwillige
PN: Volontaires de prusse   1 Rgt Inf (Aquitaine ??)

                                    Graf d'Apchon
                          F: 2 Komp Gren
                              Volontaires de Clermont
                              300 d'Apchon Drag
                              100 Turpin Hus

29. Juni   **Vorpostengefechte bei Neukanitz, Stuckenbröck,**
                 Mellenbeck, Horn und Delbrück

X: Leichte Truppen   F: Infanterie
                                         Volontaires de Flandre
                                         Volontaires d'Hainault
                                         Volontaires Liégois
                                         Volontaires étrangers
                                         Berchiny Hus

30. Juni   **Gefecht bei Lippstadt**
BÜ: 1 Abt K J C
X: 1 Abt Freiwilliger der Inf.

30. Juni   **Übergabe von Schloß Rietberg**
                                    Kpt de la Noue de Vair
X: 1 Offz, 47 Mann   F:380 Volontaires ??

3. Quartal 1759

01. Juli   Gefecht bei Gütersloh

OberstLt v. Narzinsky [18]
PN: 3 Esc Ruesch Hus   F: Berchiny Hus
      2 Esc Malachowsky Hus   Turpin Hus

02. Juli   Fall von Bielefeld

02. Juli   Scharmützel bei Stromberg

BÜ: K J C

04. Juli   Vorpostengefecht bei Halle

                                 Gen Comeyras (OberstLt?)
H: 1 Komp Jäger   F: Volontaires de Clermont
PN: Volontaires de prusse   Volontaires de la Noue
      3 Esc Ruesch Hus
      2 Esc Malachowsky Hus
X: 30 Mann Kavallerie

04. Juli   Gefecht bei Uslar

Lt Scheither
H: 24 Jäger zu Pferde   F: 3 Offz, 40 Mann
      Sth S C

04./05. Juli   Überfall von Hemeln

OberstLt v. Freytag   Oberst Beyerle
H: 200 Gren   F: 1 Abt Volontaires d'Alsace
      Jäger
      Sth S C
X: 200 Drag

05. Juli   Gefechte bei Münden und Bursfeld

OberstLt v. Freytag   Oberst Beyerle
H: 400 Gren   F: 1 Abt Volontaires d'Alsace
      Jäger
      Sth S C
X: 200 Drag

07. Juli   Scharmützel bei Hattorf

H: Jäger

07. Juli   Gefecht bei Wellingholzhausen

Maj Friedrichs
H: 100 Jäger zu Fuß   F: Volontaires d'Alsace
      36 Jäger zu Pferd

07. Juli   Gefecht bei Borgholzhausen

07. Juli — Gefechte bei Münden und Dransfeld
OberstLt v. Freytag
H: 400 Gren
    Jäger
    Sth S C
X: 200 Drag

08. Juli — Gefecht bei Witzenhausen
OberstLt v. Freytag
H: Jäger   F: 53 Mann Courten
                          22 Mann Henrichemont (Kav.)

08./09. Juli — Arrieregardengefecht bei Melle
GenLt Imhoff
X: 7 Btl Infanterie
    10 Esc Kavallerie

08. Juli — Fall von Minden
Besatzung   GenLt Duc de Broglio
H: 200 Mann Fersen   F: 2000 Mann Infanterie
    30 Breidenbach Drag   1500 Mann Kavallerie; u.a.:
HE: 1 Btl LandBtl Freywald   Freicorps Fischer
    Jäger   Volontaires de la Noue
X: 200 Kommandierte aus Hameln   Nassau Hus
                                      Carabiniers

09. – 25. Juli — Belagerung von Münster
Besatzung: Belagerungskorps
GenLt v. Zastrow   GenLt Marquis d'Armentieres
H: 1 Btl LandBtl Varenius   F: 4 Btl La Tour du Pin
    GarnBtl Uslar   2 Btl La Couronne
    2 Btl Kommandierte aus   2 Btl Provence
    den Regimentern: 2 Btl Reding
        Brunck   2 Btl Lochmann
        Scheither   2 Btl Jenner
        Schulenburg   2 Btl Durfort
        Rheden   2 Btl Vaubecourt
        S H S C   2 Btl Orléans
HE: 1 Btl LandBtl Wurmb   1 Btl Le Dauphin
    2 Komp Invaliden   Legion royale
PN: 1 Trupp Hus   2 Esc La Reine
                                      2 Esc St.Aldegonde
                                      2 Esc Charost
                                      2 Esc Orléans
                                      2 Esc Damas
                                      2 Esc Dauphine Étrangers
                                      4 Esc Orléans Drag ↘

(noch: 09.-25. Juli Belagerung von Münster)

                          F: 4 Esc Thianges Drag
                                Artillerie:
                                50 Geschütze

11./12. Juli   Gefechte bei Holzhausen und Diepenau
GenAdj Oberst Estorf
H: 1½ Komp Jäger zu Fuß   F: Volontaires de Schomberg
     1 Komp Jäger zu Pferd   50 d'Apchon Drag
     Luckner Hus   400 Karabiniers
PN: 3 Esc Ruesch Hus   100 ??Drag
     2 Esc Malachowsky Hus

14. Juli   Besetzung von Osnabrück
                                OberstLt de Comeyras
                         F: 600 Volontaires de Clermont

14. Juli   Gefecht bei Lipperode
BÜ: K J C

15. Juli   Besetzung von Bremen
 GenMaj v. Dreves
BS: 1 Btl Zastrow
H: 1 Btl Dreves
     1 Btl Block
HE: 1 Btl Canitz

16. Juli   Überfall bei Aerzen
H: Jäger

16. Juli   Scharmützel bei Quetzen
H: Luckner Hus
X: 1 Komp Jäger

17. Juli   Scharmützel bei Todenhausen
GB: 25 Reiter
H: 25 Reiter

17. Juli   Gefecht bei Westkotten
BÜ: K J C

19. Juli   Vorpostengefecht bei Hille
Korps Wangenheim
PN: Hus   F: Berchiny Hus
X: 4 Btl Infanterie   Volontaires de Muret
     Infanteriepiquetts
     Kavalleriepiquetts, u.a.:

3. Quartal 1759

19. Juli — Scharmützel bei Lahde
H: Jäger
   Luckner Hus
X: 2 Btl Gren

21. Juli — Entsatz von Vechta
Kpt v. Schlieffen
H: 200 Breidenbach Drag   F: 150 Mann ??
HE: 400 Jäger
   2 Esc Hus

25. Juli — Fall von Münster

28. Juli — Gefecht bei Lübbecke
BS: 2 Btl Leibregiment   F: Volontaires de Muret
    1 Btl Behr   Volontaires d'Hainault
H: 1 Btl Bock   Berchiny Hus
    1 Btl Alt Zastrow   Turpin Hus
    1 Btl vac.Diepenbroick
    4 Esc Bock Drag
    4 Esc Busch Drag

30. Juli — Besetzung von Lübbecke
GenLt v. Gilsa
BS: 1 Btl (I.) Behr
H: 1 Btl Linstow
HE: 1 Btl Prinz Carl
X: 300 Drag

29. — 31. Juli — Scharmützel bei Multhöpen
H: Jäger
   Sth S C

01. Aug. — Schlacht bei Minden

                                     Marschall Marquis de Contades [19]
Herzog Ferdinand [20]   Duc de Broglio
BS: 2 Btl Gren   F: 4 Btl Grenadiers de France
    2 Btl Imhoff   4 Btl Grenadiers royaux
BÜ: 1 Btl Bückeburg   Modène
    Artillerie: Chantilly
    8 12-pfünder   4 Btl Champagne
GB: 1 Btl Grenadiere   4 Btl Auvergne
    1 Btl Napier   4 Btl du Roi
    1 Btl Steward   4 Btl Picardie
    1 Btl Welsh Fuseliers   4 Btl Belsunce
    1 Btl Kingsley   4 Btl Piemont
    1 Btl Brudenel   2 Btl Aquitaine
    1 Btl Holmes   4 Btl Navarra ↘

(noch 01. Aug. Schlacht bei Minden)

GB:	3 Esc Royal Horse Guards	F:	2 Btl Vastan
	3 Esc Bland		2 Btl Enghien
	2 Esc Inniskilling		2 Btl Touraine
	2 Esc Howard		2 Btl d'Aumont (Mazarin)
	2 Esc Mordaunt		2 Btl Rouergue
	2 Esc Scots Greys		1 Btl La Marche Comte
	Artillerie:		1 Btl Tournaisis
	30 Geschütze		2 Btl Condé
H:	3 Btl Gren		2 Btl Anhalt
	2 Btl Garde		1 Btl St.Germain
	1 Btl Hardenberg		1 Btl Bergh
	1 Btl Reden		1 Btl La Marche Prince
	1 Btl Scheele		2 Btl Dauphin
	1 Btl Stolzenberg		2 Btl Royal Bavière
	1 Btl Brunck		2 Btl Royal Deux Ponts
	1 Btl Sachsen Gotha		2 Btl Courten
	1 Btl Wangenheim		2 Btl Planta
	1 Btl Spörcken		2 Btl Nassau
	1 Btl Kielmannsegge		2 Btl Löwendahl
	1 Btl Jung Zastrow		2 Btl Bouillon
	1 Btl Halberstadt		1 Btl La Dauphine
	1 Btl Laffert		2 Btl Orléans
	1 Btl Oberg		2 Btl Rohan
	1 Btl Scheither		Freicorps Fischer
	1 Btl Schulenburg		Volontaires d'Hainault
	1 Btl Linstow		Volontaires de Dauphiné
	1 Brig Jäger		Volontaires de Muret
	Artillerie:		Legion royale
	47 Geschütze		Royal Pologne [21]
	1 Esc Garde du Corps		Alsace
	1 Esc Gren à Cheval		Berwick
	2 Esc Bremer		3 Esc Colonel Général
	2 Esc Veltheim		2 Esc Mestre de Camp Général
	2 Esc Hammerstein		2 Esc Fumel
	2 Esc Leibregiment		2 Esc d'Epinchal
	2 Esc Hardenberg		2 Esc Poly
	2 Esc Grothaus		2 Esc Royal Cravattes
	2 Esc Heise		2 Esc Surgèras
	2 Esc Reden		2 Esc Talleyrand
	3 Esc Breidenbach Drag		2 Esc Royal Étrangers
	2 Esc Luckner Hus		2 Esc Crussol
HE:	2 Btl Gren		2 Esc Noailles
	1 Btl Garde		2 Esc Balincourt
	1 Btl Erbprinz		2 Esc Marcieu
	1 Btl Grenadier		2 Esc Vogue
	1 Btl Toll		2 Esc du Roi ↘

3. QUARTAL 1759   - 55 -

(noch 01. Aug. Schlacht bei Minden)

HE: 1 Btl Mansbach   F: 2 Esc Henrichemont
    1 Btl Bischhausen   2 Esc Moustiers
    1 Btl Prinz Anhalt   2 Esc Noë
    1 Btl Prinz Wilhelm   2 Esc Bourgogne
    1 Btl Gilsa   2 Esc Rougrave
    1 Btl Prinz Carl   2 Esc Archiac
    Artillerie: 8 Esc Gens d'Armes
      20 Geschütze   10 Esc Carabiniers de Monsieur
    2 Esc Leibregiment   2 Esc Commisaire Général
    2 Esc Prinz Wilhelm   2 Esc Lameth Hennecourt
    2 Esc Miltitz   2 Esc Des Salles
    2 Esc Prüschenk   2 Esc Penthièvre
    4 Esc Prinz Friedrich Drag   2 Esc Toustain
    4 Esc Leib Drag   2 Esc Royal Allemande
PN: 5 Esc Holstein Drag   2 Esc Nassau Usingen
    4 Esc Finkenstein Drag   2 Esc Württemberg
    2 Esc Hus(?)   4 Esc d'Apchon Drag
                                          3 Esc Volontaires de Schomberg
                                          4 Esc Royal Nassau
                                          Berchiny Hus
                                          Turpin Hus
                                          Artillerie:
                                             5.Brig (Chabrie) Royal Art.
                                             6.Brig (de Mouy) Royal Art.
                                  SA: 1 Btl Garde zu Fuß
                                          1 Btl Prinz Xaver
                                          1 Btl Prinz Friedrich August
                                          1 Btl Prinz Josef
                                          1 Btl Prinz Clemens
                                          1 Btl Prinz Karl Maximilian
                                          1 Btl Prinz Anton
                                          1 Btl Kurprinzessin
                                          1 Btl Prinz v. Sachsen Gotha
                                          1 Btl Fürst Lubomirski
                                          1 Btl Rochow
                                          1 Btl Graf Brühl
                                          2 Komp Artillerie
                                          24 4-pfünder

01. Aug.   **Gefecht bei Gohfeld**
GenLt Erbprinz
GenLt Kielmannsegge
GenMaj Brunck   Comte de Brissac
BÜ: 100 Karabiniers   F: 20 Komp Gren
    Artillerie: 20 Piquets Infanterie
    10 6-pfünder   1000 Reiter ↘

(noch 01. Aug. Gefecht bei Gohfeld)

BS: 2 Btl Leibregiment
    1 Btl (I.) Zastrow
H: 1 Btl Diepenbroick
    1 Btl Alt Zastrow
    1 Btl Behr
    1 Btl Bock
    1 Btl Block
    1 Btl Dreves
    1 Brig Jäger
    4 Esc Bock Drag
    1 Esc Breidenbach Drag
    4 Esc Busch Drag
    Artillerie:
       6 Geschütze
HE: 1 Btl Canitz
    400 Jäger
    100 Hus
PN: 270 Volontaires de prusse
    2 Esc Ruesch und Malachowsky Hus
X: 200 Freiwillige

01. Aug.   **Überfall auf Hausberge**
Maj Friedrichs
H: 3 Komp Jäger

02. Aug.   **Arrieregardenscharmützel bei Waldorf**
X: Leichte Truppen

02. Aug.   **Übergabe von Minden**

03. Aug.   **Arrieregardengefecht bei Böcke**
BÜ: K J C

03. Aug.   **Eroberung des großen Gepäcks der französischen Armee nahe Detmold**
OberstLt Freytag
H: Jäger
   Sth S C
X: Drag

05. Aug.   **Gefecht bei Kloster Bredlar**
Gen Imhoff
X: Truppen

05. Aug.   **Kanonade bei Hameln**
X: Artillerie des Korps Erbprinz

3. QUARTAL 1759 - 57 -

05. Aug.   **Kanonade bei Halle**
X: Artillerie des Korps Erbprinz

07. Aug.   **Gefecht bei Einbeck**
GenLt Erbprinz   GenLt Comte de St.Germain
BÜ: 100 Karabiniers   F: Brig Belzunce
      Artillerie: Brig Picardie
        10 6-pfünder   Grenadiers de France
BS: 2 Btl Leibregiment   Grenadiers royaux
      1 Btl (I.) Zastrow   Inf.Brig Auvergne
H: 1 Btl Diepenbroick   Inf.Brig Aquitaine
      1 Btl Alt Zastrow   Rgt Anhalt (?Inf.Brig Anhalt)
      1 Btl Behr
      1 Btl Bock
      1 Btl Block
      1 Btl Dreves
      1 Brig Jäger
      4 Esc Bock Drag
      1 Esc Breidenbach Drag
      4 Esc Busch Drag
      Artillerie
        6 Geschütze
HE: 1 Btl Canitz
      400 Jäger
      100 Hus
PN: 270 Volontaires de prusse
      2 Esc Ruesch und Malachowsky Hus

08/09. Aug.   **Kanonade bei Münden und Dransfeld**
H: Jäger v. Freytags J C
      Sth S C
X: 2 Btl Inf der Garnison Hameln
      Drag

10. Aug.   **Gefecht bei Dransfeld**
GenLt Erbprinz   GenLt Comte de St.Germain
BÜ: 100 Karabiniers   F: Inf.Brig Auvergne
      Artillerie: Inf.Brig Aquitaine
        10 6-pfünder   Rgt Anhalt (? Inf.Brig Anhalt)
BS: 2 Btl Leibregiment   200 Volontaires de Muret
      1 Btl (I.) Zastrow
H: 1 Btl Diepenbroick
      1 Btl Alt Zastrow
      1 Btl Behr
      1 Btl Bock
      1 Btl Block
      1 Btl Dreves

(noch 10. Aug. Gefecht bei Dransfeld)
H: 1 Brig Jäger
    4 Esc Bock Drag
    1 Esc Breidenbach Drag
    4 Esc Busch Drag
    Artillerie:
      6 Geschütze
HE: 1 Btl Canitz
    400 Jäger
    100 Hus
PN: 270 Volontaires de prusse
    2 Esc Ruesch und Malachowsky Hus

10. Aug.   Gefecht bei der Sababurg
Oberst v. Donop
HE: GrenBtl Schlotheim   F: 200 Mann
    1 Btl Leibregiment
X: 4 Btl Infanterie
    4 Esc Kavallerie

13. Aug.   Einnahme der Trendelburg
Maj Friedrichs
H: Jäger

13. Aug.   Scharmützel bei Korbach
BÜ: K J C

15. Aug.   Gefecht bei Volkmarsen
H: Luckner Hus   F: Volontaires royaux
                                           Freicoprs Fischer

16. Aug.   Gefecht bei Wolfhagen
H: Luckner Hus
X: 2 Btl Infanterie
    4 Esc Kavallerie

17. Aug.   Überfall von Naumburg
GenLt Prinz Holstein
H: Jäger   F: 447 Grenadiers de France
HE: 1 Btl Grenadier   (Grenadiers royaux Narbonne?)
    1 Btl Leibregiment   Inf.Brig Dauphin
    1 Btl Prinz Wilhelm   Legion royale
    1 Btl Mansbach   Volontaires de Flandre
    2 Esc Prüschenk   Volontaires d'Hallet
    4 Esc Leib Drag   Orléans Drag
    Hus
PN: 5 Esc Finkenstein Drag
    5 Esc Holstein Drag ↘

(noch 17. Aug. Überfall von Naumburg)
PN: Ruesch Hus
    Malachowsky Hus
X: 7 Btl Gren

17. Aug.   Vorpostenscharmützel bei Höringhausen und Sachsenhausen
BÜ: K J C
PN: Hus
X: Leichte Truppen

18. Aug.   Scharmützel bei Istha und Balhorn
Maj Friedrichs
H: 2 Komp Jäger   F: Freicorps Fischer

18. Aug.   Besetzung von Kassel
H: Jäger
    Sth S C

20. Aug.   Scharmützel bei Wildungen
                                 F: Freicorps Fischer

21. Aug.   Scharmützel bei Haina
HE: Jäger   F: Freicorps Fischer
    Hus

21. Aug.   Gefecht bei Neukirchen
Maj Friedrichs
H: Jäger

22. Aug.   Übergabe von Ziegenhain
OberstLt Freytag   Besatzung:
X: Truppen   F: 286 Mann

23. Aug.   Gefecht bei Ziegenhain
OberstLt Freytag
X: Truppen

24. Aug.   Vorpostenscharmützel bei Wetter
BÜ: K J C

25. Aug.   Scharmützel bei Schwarzenborn und Schwabendorf
HE: Jäger
    Hus
PN: Volontaires de prusse

26. Aug. — 21. Nov. Belagerung von Münster

Belagerungskorps:
GenLt Imhoff
- BS: 2 Btl Imhoff
  - 1 Btl (I.) Zastrow
- H: 1 Btl Marschall
  - 1 Btl Wrede
  - 1 Btl Fersen
  - 4 Esc Busch Drag
- HE: Jäger
  - Hus
- X: Artillerie:
  - 12 Mortiers
  - 12 24-pfünder
  - 12 12-pfünder

Besatzung:
Gen Gayon
- F: Volontaires de Clermont
  - Thianges Drag
  - Angehörige des Inf.Rgts Jenner
- X: 2 Btl Landmiliz
  - 700 Kommandierte

27. Aug.   Gefecht bei Osnabrück

28. Aug.   Überfall von Wetter

GenLt Erbprinz
- BS: 2 Btl Leibregiment
  - 1 Btl Zastrow
- BÜ: K J C
- H: 1 Btl Fersen
  - 1 Btl Behr
  - 1 Btl Block
  - 1 Btl Dreves
  - 1 Btl Diepenbroick
  - 1 Brig (Weiße) Jäger
  - 4 Esc Bock Drag
  - 1 Esc Breidenbach Drag
  - Luckner Hus
- HE: 1 Btl Grenadier
  - 1 Btl Leibregiment
  - 1 Btl Prinz Wilhelm
  - 1 Btl Mansbach
  - 1 Btl Canitz
  - 4 Esc Leib Drag
- X: 5 Btl Gren

GenLt Wangenheim
- BÜ: 1 Btl Bückeburg
- H: 1 Btl Spörcken
  - 1 Btl Kielmannsegge
  - 1 Btl Jung Zastrow
  - 1 Btl Halberstadt
  - 1 Btl Laffert
  - 1 Btl Oberg ↘

3. QUARTAL 1759 - 61 -

(noch 28. Aug. Überfall von Wetter)
H: 1 Btl Scheither
 1 Btl Schulenburg
 2 Abt Jäger
 2 Esc Leibregiment
 2 Esc Hardenberg
 2 Esc Grothaus
 2 Esc Heise
 2 Esc Reden
HE: 4 Esc Prinz Friedrich Drag
 Hus
PN: 150 Malachowsky Hus

GenLt Prinz Anhalt (als Schutz/Unterstützung/Soutien)
X: 11 Btl Infanterie
 12 Esc Kavallerie

02. Sept.   **Gefechte bei Ober- und Niederweimar**
Oberst Luckner
H: 1 Brig (Weiße) Jäger   F: Freicorps Fischer
 2 Esc Luckner Hus   Volontaires de M de Vert [22]
PN: 3 Esc Ruesch Hus   Apchon Drag
 2 Esc Malachowsky Hus   Schomberg Drag
X: 500 Gren

03. Sept.   **Beginn der Beschießung von Münster**

03. Sept.   **Gefecht bei Marburg**
PN: (Malachowsky ??) Hus

04. Sept.   **Scharmützel bei Coesfeld**
HE: Hus

04. — 12. Sept.   **Belagerung von Marburg**
Prinz v. Bevern
GenLt Dreves   OberstLt du Plessis
HE: 1 Btl Leibregiment   F: 850 Mann:
 1 Btl Canitz   Piemont
 1 Btl Grenadier   Freicorps Fischer
 4 Esc Prinz Friedrich Drag
X: 4 Btl Infanterie
 Artillerie:
 27 Geschütze der Feldarmee

06. Sept.   **Verstärkung der Besatzung von Münster**
                         F: 2 Btl Lochmann
                               2 Btl Reding

08. Sept.   Gefecht bei Gießen
H: Jäger

08. Sept.   Scharmützel bei Wolbeck
H: 4 Esc Busch Drag
HE: Hus

11. Sept.   Vorpostengefecht bei Stauffenberg
H: 1 Brig Jäger
    Sth S C
HE: Jäger
PN: Volontaires de prusse
    Ruesch Hus

11. Sept.   Gefecht bei Butzbach
H: Jäger

13. Sept.   Fouragierungsgefecht bei Mainzlar und Doubingen
H: Sth S C

13./14. Sept.   Gefecht bei Groß-Recken
HE: Jäger
    Hus

15. — 19. Sept.   Luckners Streifzug durch die Wetterau
Oberst Luckner
H: GrenBtl Wersebe
    400 Luckner Hus
PN: 1 Esc Malachowsky Hus

16. Sept.   Gefecht in Haltern
BÜ: K J C

18. Sept.   Gefecht in Wetzlar
H: Jäger

20. Sept.   Gefecht bei Schwalbach
Oberst Luckner
H: GrenBtl Wersebe
    400 Luckner Hus
PN: 1 Esc Malachowsky Hus

22. Sept.   Gefecht bei Lünen
HE: Jäger
    Hus

22. Sept.   Freytags Jägercorps wird in den Quartieren über fallen

3. QUARTAL 1759

22. Sept.   **Recogniscierungsgefecht bei Lünen**
  Maj v. Bülow
BÜ: K J C
H: 1 Abt Jäger zu Pferd

22. Sept.   **Überfall bei Butzbach**
  Oberst Luckner
H: GrenBtl Wersebe
      1 Komp Jäger zu Pferd
      400 Luckner Hus
PN: 1 Esc Malachowsky Hus

22. Sept.   **Überfall auf einen Fouragetransport bei Ober-Brechen**
  Oberst Luckner
H: GrenBtl Wersebe
      1 Komp Jäger zu Pferd
      400 Luckner Hus
PN: 1 Esc Malachowsky Hus

24. Sept.   **Der Ehrenbreitstein wird besetzt**

27. Sept.   **Scharmützel bei Wetzlar**
HE: Jäger

30. Sept.   **Gefecht bei Lütgen Dortmund**
BÜ: K J C
HE: 1 Esc Hus
X: 130 kommandierte Drag

30. Sept.   **Gefecht bei Münster**

30. Sept.   **Verstärkung des Belagerungskorps vor Münster**
H: 1 Btl Alt Zastrow
      1 Btl Rhöden
      1 Btl Post
      1 Btl Goldacker
      1 Btl Monroy
      1 Btl Fersen
HE: 1 Btl LandGren
      160 Jäger
      Hus
X: 200 kommandierte Reiter

4. Quartal 1759

01. Okt.   Gefecht bei Albachten nahe Münster

11. Okt.   Überfall auf Dorsten
BÜ: K J C
H: Gren des Sht C
HE: Jäger
     Hus

11. Okt.   Verstärkung des Belagerungskorps vor Münster
H: 1 Btl Scheither
     1 Btl Bock
     1 Btl La Chevallerie
     2 Esc Leibregiment
     2 Esc Hammerstein
     2 Esc Reden
     2 Esc Veltheim
HE: 1 Btl Canitz
     2 Esc Prüschenk

13. Okt.   Gefecht in Dorsten
                              OberstLt Merlet
BÜ: K J C   X: 130 Mann
H: Gren des Sht C
HE: Jäger
     Hus
X: 1200 Mann kommandierte Inf und Drag

15./16. Okt.   Ausfall der Besatzung aus Münster [23]
H: 1 Btl Marschall   F: 200 Mann der Besatzung aus
     1 Btl Röden   Münster
     1 Esc Busch Drag

23. Okt.   Überfall bei Ober-Brecht nahe Weilburg
 Oberst Luckner
X: Truppen   F: 400 Mann Kavallerie

27./28. Okt.   Überfall bei Mardorf
H: Drag   F: Volontaires d'Hainault

28. Okt.   Überfall bei Nordeck
PN: 200 Finkenstein Drag   F: 1 Abt Volontaires de Flandre
      50 Ruesch Hus

02. Nov.   Verstärkung des Belagerungskorps vor Münster
H: 1 Btl Block
     1 Btl Laffert ↘

4. QUARTAL 1759 - 65 -

(noch 02. Nov. Verstärkung des Belagerungskorps vor Münster)
H: 1 Btl Estorf
    1 Brig(Weiße ~) Jäger
    3 Esc Breidenbach Drag
HE: 1 Btl Erbprinz
PN: 2 Esc Malachowsky Hus

| 09. Nov. | Eröffnung der Laufgräben vor Münster |

16. Nov. **Scharmützel bei Dülmen**
HE: Hus

18. Nov. **Bombardement von Münster**

19. Nov. **Gefecht bei Notteln**
BÜ: K J C
X: 2 Btl Infanterie
    3 Esc Kavallerie

19. — 20. Nov. **Gefechte bei Albachten und Amelbüren**
H: 1 Btl Block   F: Freicorps Fischer
    1 Btl Laffert   Gren
    400 Jäger   8 Esc Kavallerie
    Gren des   Infanteriepiquetts aus
    S H S C   versch. Rgt'ern: u.a.:
HE: 1 Btl Erbprinz   Provence
    Jäger   Touraine
    2 Esc Hus

19. Nov. **Gefecht bei Willremming**
H: Gren von Sht C

21. Nov. **Fall von Münster**

23. Nov. **Scharmützel bei Dülmen**
BÜ: K J C
HE: Hus

27. Nov. **Gefecht bei Lauterbach**
Avantgarde des Korps Erbprinz
H: Luckner Hus
PN: 1 Esc Ruesch Hus
X: Drag
    Jäger

30. Nov. **Gefecht bei Fulda**
BS: 2 Btl Leibregiment   F: Nassau Hus
    2 Btl Imhoff   WÜ: 3 Btl Grenadiere
    2 Btl Behr   2 Btl Roeder ↘

(noch 30. Nov. Gefecht bei Fulda)

H: 4 Esc Bock Drag
    1 Esc Luckner Hus
HE: 1 Btl Grenadier
    1 Btl Mansbach
    1 Btl Bischhausen
    2 Esc Prinz Wilhelm
    4 Esc Prinz Friedrich Drag
PN: 100 Jäger Volontaires de prusse
    1 Esc Ruesch Hus

WÜ: 2 Btl Prinz Wilhelm
    10 Komp der Rgt'er_
    Werneck
    vac.Truchseß
    Prinz Louis
    Roman
    4 Esc Gren à Cheval
    1 Esc Drag
    Hus Rgt
    Artillerie Btl
X: 1 Rgt Pöllnitz Kürassiere [24]

01. Dez.   **Überfall bei Treis a. d.Lumda**
Kpt v. Bülow
H: 1 Brig Jäger

05. Dez.   **Gefecht bei Niederkleen**
Oberst Luckner
H: 1 Brig Jäger
    400 Luckner Hus

05. — 24. Dez.   **Blockade von Gießen**

09. Dez.   **Abmarsch des Unterstützungscorps nach Sachsen**
GenLt Erbprinz
BS: 2 Btl Leibregiment
    2 Btl Imhoff
BS: 2 Btl Behr
H: 1 Btl Alt Zastrow
    1 Btl La Chevallerie
    100 Jäger
    2 Esc Hammerstein
    2 Esc Bremer
    2 Esc Veltheim
    4 Esc Bock Drag
HE: 1 Btl Mansbach
    1 Btl Grenadier
    1 Btl Bischhausen
    2 Esc Prinz Wilhelm
    4 Esc Prinz Friedrich Drag
PN: 3 Esc Ruesch Hus

10. Dez.   **Ausfall der Besatzung von Gießen und Gefecht bei Wieseck**
Kpt de la Barre
F: 150 Mann Auvergne

4. QUARTAL 1759

11. Dez. — Gefecht bei Butzbach
Oberst Luckner
H: 1 Brig Jäger
400 Luckner Hus

13. Dez. — Ausfall der Besatzung aus Gießen
OberstLt Berenguier
F: 200 Volontaires de Dauphiné

14. Dez. — Ausfall der Besatzung aus Gießen

16. Dez. — Ausfall der Besatzung aus Gießen

17. Dez. — Ausfall der Besatzung aus Gießen

20. Dez. — Gefecht bei Langgöns
OberstLt Berenguier
H: Jäger
F: Volontaires de Dauphiné
Volontaires d'Hainault

22. Dez. — Gefecht bei Klein-Linden
Brigadier Domgermain
OberstLt Berenguier
H: 1 Btl Behr
X: 80 Drag
F: 500 Mann Durfort und
Volontaires de Dauphiné

25. Dez. — Scharmützel bei Wieseck
PN: Finkenstein Drag

27. Dez. — Scharmützel bei Gießen
X: Leichte Truppen
X: Escorte des Marschalls Broglio

27. Dez. — Gefecht bei Herborn
Oberst Luckner
Kpt Muret
H: 400 Luckner Hus
X: 400 Mann Infanterie
100 Drag
F: 160 Freiwillige v. Rgt Comtois
60 Turpin Hus
Artillerie:
1 4-pfünder

31. Dez. — Gefecht bei Stauffenberg

Das Jahr 1760

1. Quartal 1760

01. Jan.   Scharmützel bei Wissenbach
H: Luckner Hus

01. Jan.   Überfall von Kaiserswerth
   Hptm Scheither
H: 50 Mann Infanterie) des   Z Kurköln:
    150 Mann Kavallerie) Sht C   1 Kpt; 20 Mann

01. Jan.   Überfall von Uerdingen
   Hptm Scheither
H: 50 Mann Infanterie) des   F: 150 Mann Jenner
    150 Mann Kavallerie) Sht C

03. Jan.   Herborn wird besetzt
Besatzung: Marquis de Vogue
X: 1 Kpt; 100 Mann   F: 4 Btl Picardie
                                    4 Btl La Tour du Pin
                                    1 Btl Infanterie??
                                    2 Esc Crusol
                                    2 Esc Royal Étrangers
                                    2 Esc Royal Cravattes
                                    2 Esc Balincourt
                                    1 Esc Archiac
                                    2 Esc La Reine
                                    2 Esc St Aldegonde
                                    2 Esc Montcalm
                                    Turpin Hus

03. Jan.   Besetzung von Dillenburg durch die Franzosen und
                         Belagerung des Schlosses
Besatzung des Schlosses:
  Kpt Düring   Vom Korps Voyer
H: 150 Jäger   F: 800 Mann Waldner

07. Jan.   Überfall von Wissenbach
  GenLt v. Wangenheim
H: 1 Btl Spörken   F: 1 Esc Beauffremont Drag
    1 Btl Jung Zastrow
X: 400 Mann kommandierte Infanterie
    200 Mann kommandierte Kavallerie

07. Jan.   Angriff auf Dillenburg
  Herzog Ferdinand
  GenLt v. Wangenheim
GB: 1 Btl Highlander Keith   F: 840 Mann Waldner ↘

1. QUARTAL 1760 - 71 -

(noch 07. Jan. Angriff auf Dillenburg)
H: 1 Btl Kielmannsegge
    1 Btl Spörken
    1 Btl Jung Zastrow
    1 Btl Schulenburg
    1 Btl Halberstadt
    2 Esc Hodenberg

Oberst Luckner
H: 4 Esc Luckner Hus

Oberst Laffert
X: 400 Mann kommandierte Infanterie
    200 Mann kommandierte Kavallerie

08. Jan.   **Überfall von Eibach**
Oberst Luckner
GB: 1 Btl Highlander Keith   F: 1 Esc Beauffremont Drag
H: 4 Esc Luckner Hus

08. Jan.   **Gefecht bei Ebsdorf**
GenLt Herzog Holstein
GenMaj Prinz Anhalt   Graf St.Germain
H: Sth S C   F: Gren
PN: Holstein Drag   8 Btl Infanterie
     Malachowsky Hus   Drag
X: 1 Btl Gren
     4 Btl Infanterie

20. Jan.   Scharmützel bei Lengfeld

04. Feb.   Rückmarsch des Unterstützungskorps aus Sachsen

29. Feb.   Die Garnisonen in Marburg, Homberg und Kirchhain werden überfallen
H: Luckner Hus
HE: Hus

18. März   **Gefecht bei Gießen**

19. März   **Gefecht bei Flieden**
 Gen Gilsa
PN: Hus
X: Truppen

24. März   **Gefecht bei Neuhof**
Oberst Luckner
H: GrenBtl Bock
    GrenBtl Wersebe ↘

(noch 24. März Gefecht bei Neuhof)
H: 2 Esc Luckner Hus
X: 2 Esc kommandierte Kavallerie

2. Quartal 1760

28. Apr.   **Gefecht bei Vacha**

                                         Oberst Comte de la Noue de Vair
H: 2 Brig Jäger zu Fuß   WÜ: 1 Abt Hus
     1 Brig Jäger zu Pferd   X: 900 Mann Infanterie und
PN: 1 Esc Ruesch Hus   Kavallerie
X: Artillerie

07. — 09 Mai   Vorstoß Scheithers über den Rhein bei Emmerich
H: 160 Jäger von Scheithers Corps

08. Mai   Überfall bei Werth (nahe Wesel)

24./25. Mai   Überrumpelung von Butzbach
BS: 1 Komp Jäger zu Fuß   F: 400 Mann Waldner
H: 1 Brig Jäger zu Fuß   150 Drag und Hus
     2 Brig Jäger zu Pferd
     300 Luckner Hus
X: 150 Gren

25. Mai   Scharmützel bei Kirchhain
H: Luckner Hus   F: Berchiny Hus

28. Mai   Besetzung von Fulda
  OberstLt Wolf
H: 150 Schützen) vom   F: 1 Abt Dauphiné (Infanterie)
     100 Reiter)   Sth S C
HE: 200 Jäger zu Fuß und zu Pferd
PN: 150 Ruesch Hus
X: 600 Mann Infanterie
     300 Mann Kavallerie
     2 Geschütze

29. Mai   Arrieregardengefecht bei Fulda
H: 1 Abt Sth S C   F: 1 Abt Dauphiné (Infanterie)
PN: 2 Esc Ruesch Hus

06. Juni   Gefecht bei Frankenberg
  GenMaj Luckner

13. Juni   Überfall bei Meidrich
  Maj v. Bülow
H: Legion britannique: Reiter   F: Freicorps Fischer
HE: Hus
X: Piquets der Armee
     10 Geschütze

17. Juni   **Scharmützel bei Hosenfeld**
H: Sth S C   F: 60 Bercheny Hus
PN: Volontaires de prusse   X: 90 Mann Infanterie
      Malachowsky Hus

23. Juni   **Gefecht bei Zeilbach**
Vom Korps Erbprinz:
BS: Hus   F: Volontaires d'Hainault
PN: Ruesch Hus   Bercheny Hus

06. Juni   **Gefecht bei Ober-Ofleiden**
Truppen des Korps Gen Imhoff
in Ofleiden und Homberg.
(Imhof entsendet GrenBtl Geyso
und 1 Komp Jäger(?) zusätzlich
nach Homberg)
 Besatzung von Homberg:
X: 200 Kommandierte   F: Legion royale

24. Juni   **Arrieregardenscharmützel bei Kirdorf**
X: Besatzung von Homberg [25]   F: Volontaires de Vair [26]
                                               Nassau Hus

24. Juni   **Gefecht bei Niederklein**
Vom Korps Erbprinz   F: Legion royale
HE: 3 Btl Gren   Du Roi Drag
X: Leichte Truppen   La Ferronay Drag

26. Juni   **Scharmützel bei Wahlen**
HE: 3 Btl Gren   F: Kavallerie
PN: Volontaires de prusse
      Malachowsky Hus
X: 1 Esc Kavallerie

26./27. Juni   **Scharmützel bei Neustadt und Treysa**
H: 1 Brig (2.) Jäger
      Sth S C
      Luckner Hus
HE: Jäger

28. Juni   **Gefecht bei Frankenhausen**

30. Juni   **Übergabe des Marburger Schlosses**
Besatzung:
 Maj Puffendorf (Braunschweiger)
BS: 400 Mann   F: Navarra
GB: Truppen(??)
HE: Jäger

3. Quartal 1760

01. Juli   **Gefecht bei Fritzlar**

GenMaj Waldhausen
GenMaj Luckner
                                             OberstLt Nordmann
BS: Hus   F: 1250 Mann der Rgt'er:
H: 2 Esc Leibgarde   Nassau (Infanterie)
       2 Esc Waldhausen   Volontaires de Dauphiné
       2 Esc Grothaus
       2 Esc Hodenberg
       2 Esc Heise
       4 Esc Luckner Hus
HE: 1 Esc Hus

02. – 16. Juli   **Belagerung von Schloß Dillenburg**

Besatzung   Marquis de Commeiras
Kpt Düring   Gen Marquis de Filley
X: 200 Jäger   F: 1 Btl O'Gilvy
                                             Volontaires de Clermont
                                             Belagerungsartillerie

06. Juli   **Patrouillengefecht bei Treysa**

X: Vortruppen und   F: Volontaires de Vair
       Piquets der Armee [27]   Grenadiers de France
                                              Grenadiers royaux

06. Juli   **Gefecht bei Frankenberg**

GenMaj Luckner   Baron Clausen
H: GrenBtl Wersebe   F: Gren und Jäger der Rgt'er:
       GrenBtl Geyso   Royal Suédois
       GrenBtl Bock   Royal Deux Ponts
       Luckner Hus   Horion
                                              Vierzet
Korps Kielmannsegge   Volontaires de Dauphiné
BS: Jäger   Beauffremont Drag
X: 2 Btl Infanterie   Turpin Hus
       5 Esc Kavallerie

OberstLt Trümbach
PN: Volontaires de prusse
       4 Esc Hus

06. Juli   **Trümbachs Streifzug von Alsfeld nach Gießen**

09. Juli   **Avantgardengefecht bei Korbach**

H: Luckner Hus

10. Juli   **Treffen bei Korbach**

		Marschall Duc de Broglio
		GenLt St.Germain
GenLt Erbprinz		Baron Clausen
BS:	2 Btl Zastrow	F: Gardes Françaises
	Jäger	Gardes Suisses
	Hus	4 Btl Navarra
GB:	1 Btl Carr	4 Btl Auvergne
	1 Btl Brudenel	4 Btl du Roi
	1 Btl Hodgeson	2 Btl La Tour du Pin
	1 Btl Cornwallis	2 Btl La Couronne
	3 Esc Bland	2 Btl Royal Suédois
	2 Esc Howard	2 Btl Castellas
H:	GrenBtl Wersebe	2 Btl Orléans
	GrenBtl Geyso	2 Btl Belzunce
	GrenBtl Bock	2 Btl Diesbach
	1 Btl Wangenheim	2 Btl Dauphin
	1 Btl Bock	2 Btl Vaubecourt
	1 Btl Reden	2 Btl Aquitaine
	1 Btl Laffert	3 Btl Alsace
	1 Btl Plessen	2 Btl Anhalt
	1 Btl Schulenburg	2 Btl Jenner
	1 Btl Dreves	2 Btl Mazarin
	1 Btl Jung Zastrow	2 Btl Durfort
	2 Esc Leibregiment	3 Btl La Marck
	2 Esc Hodenberg	1 Btl Bulkley
	2 Esc Heise	1 Btl Clare
	2 Esc Waldhausen	2 Btl Enghien
	4 Esc Luckner Hus	2 Btl Lochmann
HE:	2 Btl Malsburg	3 Btl Royal Deux Ponts
	2 Btl Gilsa	2 Btl Eptingen
	2 Btl Prinz Carl	2 Btl Rohan Rochefort
	4 Esc Leib Drag	einige Komp. Waldner
	Jäger	Legion royale
		Volontaires de Flandre
		2 Esc Commisaire Général
		2 Esc du Roi
		2 Esc Curassiers du Roi
		2 Esc Royal Roussillon
		2 Esc Royal Piémont
		2 Esc Royal Allemande
		2 Esc des Salles
		2 Esc Bourgogne
		10 Esc Carabiniers du Monsieur
		2 Esc Aquitaine
		2 Esc Orléans
		2 Esc Bourbon ↘

3. QUARTAL 1760

(noch 10. Juli Treffen bei Korbach)

                                F: 2 Esc Crussol
                                          2 Esc Archiac
                                          2 Esc Lusignem
                                          2 Esc Escars
                                          2 Esc Moustiers
                                          2 Esc Bourbon Busset
                                          2 Esc Fitz James
                                          2 Esc Nassau Usingen
                                          4 Esc Royal Drag
                                          4 Esc Le Roi Drag
                                          4 Esc Caraman Drag
                                          4 Esc Schomberg Drag
                                          4 Esc La Ferronay Drag
                                          4 Esc Apchon Drag
                                          4 Esc Marbeuf Drag
                                          4 Esc Thianges Drag
                                          3 Brig Artillerie:
                                               2./: d'Invilliers
                                               5./: Villepatour
                                               6./: de Mouy

12. Juli   **Gefecht bei Busdorf**
BS: 700 Jäger und Hus   F: 2 Rgt'er Volontaires

12. Juli   **Gefecht bei Wildungen**

14. Juli   **Vorpostengeplänkel bei Höringhausen**
X: Vortruppen der Hauptarmee
      Piquets von Granbys Korps

14. Juli   **Scharmützel bei Mengeringhausen**
 Maj v. Bülow
BÜ: Karabiniers v. K J C
X: Offiziere versch. Truppenteile

15. Juli   **Gefechte auf dem Trappenberg bei Kanstein**

15./16. Juli   **Vorpostengefechte bei Stadtberge**
Vom Korps Spörken:
X: 300 Mann   F: Turpin

16. Juli   **Vorpostengefecht bei Höringhausen**
Vorposten der Hauptarmee
GB: 200 Mann Brudnel   F: 1 Abt Legion royale
X: Infanterie   Beauffremont Drag
      Kavallerie   d'Apchon Drag
      Hus   Volontaires royaux

16. — 18. Juli   Scheithers Aufklärungsmarsch nach Düsseldorf
H: 50 Reiter von Sht C

16. Juli   Übergabe des Dillenburger Schlosses

16. Juli   Scharmützel bei Frankenau
HE: Jäger
PN: Volontaires de prusse
    3 Esc Ruesch Hus
    2 Esc Malachowsky Hus

16. Juli   Überfall bei Embsdorf
GenLt Erbprinz
GenMaj Behr
GenMaj Bischhausen   Brigadier Glaubitz
GB: 4 Esc Eliot Drag
H: 1 Btl Behr   F: 2 Btl Royal Bavière
    1 Btl Marschall   3 Btl Anhalt
    200 Jäger   Bercheny Hus
    4 Esc Luckner Hus
HE: 2 Btl 2.Garde
    2 Btl Mansbach
PN: Hus

21. Juli   Recogniscierungsgefecht bei Schmillinghausen
Maj v. Bülow
BÜ: Karabiniers v. K J C

21. Juli   Gefecht bei Salzkotten
Rittmeister Klenke [28]   OberstLt d'Origny
H: 50 Reiter von Sht C   X: 200 Mann Infanterie
                                            50 Hus

22. Juli   Gefecht bei Helsen
Maj v. Bülow
BÜ: K J C
H: Gren
    Legion britannique

23. Juli   Vorpostenscharmützel bei Anraf
                                    Prinz Xaver [29]
GenMaj Luckner   Gen Lt Graf Stainville
H: Sth S C   F: Infanterie
    Jäger   Kavallerie
    Luckner Hus   SA: Infanterie
PN: Volontaires de prusse
    Hus

3. QUARTAL 1760 - 79 -

24. Juli   **Kanonade bei Sachsenhausen**
Korps Erbprinz   Korps Prinz Xaver
X: Artillerie   X: Artillerie

24. Juli   **Rückzugsgefecht bei Harleshausen**
BS: Gren
      Jäger

24. Juli   **Angriff auf Fritzlar**
                            Marquis Caraman

24. Juli   **Gefechte bei Volkmarsen und Cülte**
Vom Korps Spörken: Gen Chabo
H: Legion britannique   F: Volontaires de Dauphiné
HE: GrenBtl Papenheim   Volontaires d'Austrasie
X: Vorposten   Freicorps Fischer
      Artillerie   Royal Drag
                                 Thianges Drag
                                 Turpin Hus

                                 Chevalier de Muy
                                 X:Truppen

24. Juli   **Vorpostengefechte bei Landau, Volkhardingshausen, Waroldern und Sachsenhausen**
X: Vorposten der gesamten   F: Gardes françaises
      Armee   Gardes suisses
                                 La Marck
                                 Orléans
                                 Le Roi
                                 Le Dauphin
                                 Vaubecourt
                                 Aquitaine

25. Juli   **Arrieregardengefecht bei Wolfhagen**
Vom Korps Spörken
H: 1 Btl Post   F: Volontaires royaux
HE: 1 Btl Toll   Volontaires de Flandre
X: Truppen der Nachhut   Drag

25. Juli   **Vorpostengefecht bei Freienhagen**
BS: Jäger
H: GrenBtl Bock

26. Juli   **Arrieregardengefecht bei Ippinghausen**
                             Gen de la Molière
BS: GrenBtl Stammer   F: 12 Btl Gren ↘

(noch 26. Juli Arrieregardengefecht bei Ippinghausen)

BS: GrenBtl Redecker
    GrenBtl Wittorf
    Jäger
GB: Gren
H: Gren
HE: Gren

26. Juli   Arrieregardengefecht bei Wolfhagen

27. Juli — 10. Aug. Belagerung von Ziegenhain

Besatzung:	Belagerungskorps
Oberst Gernreich	GenLt Graf Stainville [30]
HE: GarnBtl Wurmb	F: 2 Btl Bouillon
PN: 1 Abt Ruesch Hus	2 Btl Vierzet
	2 Btl Horion
	Le Roi Drag

29. Juli   Gefecht bei Liebenau

H: Legion britannique   F: Freicorps Fischer
    1 Brig Jäger
HE: Hus

30. Juli   Kanonade bei Heckershausen

BÜ: Artilleriebrigade

30. Juli   Gefecht bei Weißenstein

Gen Bischhausen   Prinz Xaver
HE: 2 Btl 2.Garde   X: Truppen
     2 Btl Mansbach

31. Juli   Kassel wird besetzt

31. Juli   Rückzugsgefecht vor Kassel

                          Prinz Xaver

H: Luckner Hus   F: Brig La Marck
HE: 2 Btl Gilsa   Volontaires d'Hainault
PN: Ruesch Hus   Volontaires d'Austrasie
                       SA: 1 Btl Garde zu Fuß
                              2 Btl Prinz Xaver
                              1 Btl Prinz Clemens
                              1 Btl Prinz Josef
                              2 Btl Prinz Friedrich August
                              1 Btl Prinz Anton
                              1 Btl Prinz Carl
                              1 Btl Graf Brühl
                              1 Btl Rochow
                              1 Btl Prinz Lubomirsky

3. QUARTAL 1760

31. Juli — Gefecht bei Warburg

Herzog Ferdinand	GenLt Chevalier du Muy

BS: GrenBtl Wittorf
    GrenBtl Redecker
GB: GrenBtl Daulhatt
    GrenBtl Maxwell
    1 Btl Highlander Keith
    1 Btl Highlander Campell
    2 Esc Conway Drag
    2 Esc Cope Drag
    3 Esc 1st Kings Dragoons
        Guards
    2 Esc 2nd Dragoon Guards
    2 Esc 3rd Dragoon Guards
    3 Esc Royal Horse Guards
    2 Esc Honeywood
    2 Esc Karabinier Rgt
    2 Esc 2nd Royal North British
        Dragoons
    2 Esc 10th Dragoons
    2 Esc 6th Inniskilling Dragoons
    2 Esc 11th Dragoons
    Artillerie:
      Schwere Brigade v. rechten
      Flügel der Hauptarmee
H: GrenBtl Geyso
    GrenBtl Bock
    GrenBtl Wersebe
    1 Btl Scheither
    1 Btl Estorf
    1 Btl Post
    1 Btl Block
    1 Btl Monroy
    5 Btl Legion britannique
    Jäger
    Artillerie
    2 Esc Bremer
    4 Esc Breidenbach Drag
    4 Esc Bock Drag
    4 Esc Reden Drag
    5 Esc Legion britannique
HE: GrenBtl Papenheim
    GrenBtl Mirbach
    GrenBtl Rückersfeld
    2 Btl 3.Garde
    2 Btl Toll
    1 Btl GarnGren ↘

F: 4 Btl La Tour du Pin
   4 Btl Bourbonnais
   2 Btl Touraine
   2 Btl Enghien
   2 Btl Planta
   2 Btl Courten
   2 Btl Lochmann
   2 Btl Jenner
   2 Btl La Couronne
   2 Btl d'Aumont (Mazarin)
   2 Btl Rouergue
   2 Btl Rohan Rochefort
   2 Esc Royal Étrangers
   2 Esc Archiac
   2 Esc Crussol
   2 Esc Balincourt
   2 Esc Fumel
   2 Esc Bourbon
   2 Esc Beauvilliers
   2 Esc Royal Piemont
   2 Esc Escars
   2 Esc Epinchal
   2 Esc La Reine
   1 Esc Clermont Prince
   4 Esc Thianges Drag
   4 Esc Royal Drag
   Freicorps Fischer
   2 Brig Artillerie
     2./ : d'Invilliers
     6./ : de Mouy

(noch 31. Juli Gefecht bei Warburg)
HE: Artillerie:
    30 Geschütze (schwere Brigade Huth)
    2 Esc Einsiedel
    2 Esc Prüschenk

01. Aug.   **Münden wird eingenommen**
(Korps Kielmannsegge)   Prinz Xaver
                                  F: Volontaires d'Hainault
                                        Volontaires d'Austrasie
                                        Gren)der Brig
                                        Jäger)de la Marck

02. Aug.   **Gefecht bei Wormeln**
Maj v. Bülow   Prinz Condé
H: Legion britannique   F: Gren
                                        Jäger
                                        Volontaires de Dauphiné
                                        Volontaires de Clermont
                                        Inf Brig Navarra
                                        Inf Brig Auvergne

                                 Gen St.Pern
                                 F: Grenadiers du Roi
                                        Grenadiers de France
                                        Carabiniers
                                        Volontaires de Flandre

03. Aug.   **Arrieregardengefecht bei Mielenhausen**
Korps Kielmannsegge: Arrieregarde

03. Aug.   **Übergabe von Schloß Bentheim**
Besatzung: Campefort
X: 1 Maj; 4 Sergeanten,   F: Volontaires de Campefort
      48 Füsiliere; 4 Kanoniere

04. Aug.   **Reitergefecht bei Dransfeldt**
H: Jäger zu Pferd   F: Volontaires d'Hainault
X: 700 Mann Kavallerie

04. Aug.   **Göttingen wird besetzt**

04. — 05. Aug.   **Gefechte bei Stadtberge, Wrexen und Mehrhof**
GenMaj Breidenbach   GenMaj Wurmser
BS: Hus   F: Inf Brig Vaubecourt
H: GrenBtl Wersebe   Inf Brig Alsace
     1 Btl Block
     1 Btl Monroy ↘

3. QUARTAL 1760 - 83 -

(noch 04. — 05. Aug. Gefechte bei Stadtberge, Wrexen und Mehrhof)

                                                    GenLt Marquis de Castries

H: Legion britannique   F: Freicorps Fischer
     4 Esc Breidenbach Drag   X: 600 Mann (?)
HE: GarnGren
     Hus

08. Aug.   **Gefecht bei Einbeck**
H: 1 Btl Laffert
     1 Btl Röden
     1 Brig Jäger
     4 Esc Luckner Hus
HE: GrenBtl Kutzleben
     1 Btl GarnGren

10. Aug.   **Überfall auf Northeim**
H: 1 Brig Jäger
     80 Luckner Hus
X: 150 Gren

10. Aug.   **Gefecht bei der Sababurg**
 Oberst Donop
  H: 1 Btl Halberstadt   F: Volontaires de St.Victor
      1 Btl Schulenburg   Volontaires de Schomberg
      2 Esc Heise   Drag
      1 Esc Leibregiment
 HE: GrenBtl Stirn
      GrenBtl Schlotheim
      GrenBtl Balke
      2 Btl 2.Garde
      1 Esc Prinz Friedrich Drag
 PN: Volontaires de prusse
      2 Esc Ruesch und Malachowsky Hus

11. Aug.   **Kapitulation der Festung Ziegenhain**
 Oberst Gernreich   Gen Lt Graf Stainville
 HE: GarnBtl Wurmb   F: Legion royale
                                          Drag

15. Aug.   **Vorpostengeplänkel bei Essentlo**
H: Legion britannique

16. Aug.   **Vorpostengefecht bei Wabern**

21. Aug.   **Gefecht bei Herlingshausen**
H: Sht C

21. Aug.   Gefecht bei Rhoden
BS: Jäger
    Hus

22. Aug.   Einnahme des Schlosses Bentheim
GenMaj de la Chevallerie [31]
X: 1 Abt aus Münster   F: 3 Offiziere; 85 Mann

22. Aug.   Gefecht bei Ober-Elsungen (oder Zierenberg)
Vom Korps Erbprinz   GenMaj Travers
BS: Jäger   F: Piquets vom Freicorps Fischer
BS: Hus   F: 4 Esc Thianges Drag
GB: 2 Esc Inniskilling   4 Esc Royal Drag
     2 Esc Grey Horses
H: 1 Brig Jäger
     150 Reiter d. Legion britannique
HE: Hus
X: 500 freiwillige Infanteristen

25. Aug.   Vorpostenscharmützel bei Zierenberg
                                      Chevalier de Muy
BÜ: K J C   F: Vorposten der:
HE: Gren   Volontaires de Clermont
     Hus   Volontaires de Dauphiné
                                        Gren und Jäger de l'armée

28. Aug.   Überfall bei Gudensberg
BÜ: Karabiniers v. K J C
HE: 100 Hus

05. Sept.   Scharmützel bei Hofgeismar
Vom Korps Gilsa
HE: Jäger
     Hus

05./06. Sept.   Überfall auf Zierenberg
GenLt Erbprinz   Brigadier Normann
GB: GrenBtl Maxwell   F: Volontaires de Clermont
     1 Btl Highlander (?)   Volontaires de Dauphiné
     1 Btl Kingsley
     2 Esc Inniskilling
     2 Esc Grey Horses
H: GrenBtl Bock
     1 Btl Bock
     4 Esc Bock Drag
HE: GrenBtl Mirbach
     1 Esc (?) Drag ↘

3. QUARTAL 1760   - 85 -

(noch 05./06. Sept. Überfall auf Zierenberg)
PN: 1 Esc Ruesch Hus
    Malachowsky Hus

09. Sept.   **Gefecht bei Hofgeismar**
HE: Jäger   F: Berchiny Hus
    Hus   X: Leichte Truppen

09. — 17. Sept.   **Belagerung von Wesel**

10. Sept.   **Überfall auf Marburg**
Maj v. Bülow   Besatzung: Maj Kennedy
BÜ: K J C   F: 250 Mann
H: 1 Btl Legion britannique
    Legion britannique: 150 Reiter
    100 Jäger zu Pferd (verm.2.Brig)
HE: 2 Esc Hus
PN: 2 Esc Malachowsky Hus

11. Sept.   **Überfall auf Butzbach**
Rittmeister v. Hattorf
BÜ: 30 Karabiniers v. K J C   F: 80 Mann Rougrave
H: 100 Jäger zu Fuß und zu Pferd
HE: 30 Hus
PN: 30 Malachowsky Hus

12. Sept.   **Scharmützel bei Waldeck**
PN: Malachowsky Hus   F: Legion royale
                                                 Jäger

12. Sept.   **Vorpostengefecht bei Frankenau**
Vorposten vom Korps   F:(u.a.): Auvergne
  v. Bülow/v. Fersen   Legion royale

13. Sept.   **Gefecht bei Rhadern**
Oberst Fersen
Maj v. Bülow   GenLt Graf Stainville
BÜ: K J C   F: 4 Btl Auvergne
H: 1 Btl Wangenheim   2 Btl Bouillon
    1 Btl Fersen   2 Btl Vierzet
    1 Btl Legion britannique   2 Btl Horion
HE: 2 Esc Prüschenk   3 Btl Royal Suédois
    Hus   3 Btl Royal Deux Ponts
PN: Malachowsky Hus   Infanterie der Legion royale
                                                   Gren
                                                   Jäger
                                                   3 Esc Cavallerie de la Legion
                                                   Brig Le Roi Drag

3. QUARTAL 1760

16. Sept.   Gefecht am Schelde — Defilee

16. Sept.   Kanonade bei Münden
X: Artillerie von Abteilung Zastrow

18. Sept.   Gefecht bei Löwenhagen

Korps Wangenheim   Marschall Duc de Broglio
GB: 2 Esc Eliot Drag   F: 8 Btl) Grenadiers de France
H: 1 Btl Rhöden   ) Grenadiers royaux
      1 Btl Halberstadt   ) Jäger
      1 Btl Schulenburg   Inf Brig La Marck
      1 Btl Dreves   Inf Brig Castellas
      1 Btl Laffert   2 Esc Royal Allemande
      Jäger v. Sth S C   2 Esc Dauphin Étrangers
      Jäger v. Freytags J C   2 Esc Orléans
      2 Esc Hardenberg(?)   2 Esc Condé
      2 Esc Heise   2 Esc Royal Cravattes
      2 Esc Grothaus   2 Esc Curassiers
      Luckner Hus   Karabiniers
PN: Volontaires de prusse   SA: 3 Btl Gren
                                                 1 Btl Garde zu Fuß
                                                2 Btl Prinz Xaver
                                                1 Btl Prinz Clemens
                                                1 Btl Prinz Josef
                                                2 Btl Prinz Friedrich August
                                                1 Btl Prinz Anton
                                                1 Btl Prinz Carl
                                                1 Btl Graf Brühl
                                                1 Btl Rochow
                                                1 Btl Prinz Lubomirsky
                                                2 Btl Kurprinzessin

20. Sept.   Überfall bei Nörken

25. Sept.   Gefecht bei Nordheim

GenMaj Luckner   OberstLt Klingsport
H: 1 Brig (3./) Jäger   F: 100 Drag
      4 Esc Luckner Hus   150 Hus
HE: Jäger   X: Infanterie

27. — 28. Sept.   Gefecht bei Wehlda

                                             Gen Chabo
BS: Hus   X: Drag
X: Vortruppen   Hus

29. Sept.   Überfall von Ruhrort

OberstLt Jeanneret
BÜ: K J C   F: 40 Mann Freicorps Fischer

3. QUARTAL 1760 - 87 -

29. Sept. Überfall von Ruhrort
H: 400 Mann Legion britannique
PN: 4 Esc Hus

29./30. Sept.   Überfall bei Rheinberg und Orsoy
Maj v. Wintzigerode
H: 1 Abt Legion britannique   F: 100 Volontaires de Campefort
PN: 2 Esc Malachowsky Hus

30. Sept.   Scharmützel bei Rheinberg
HE: 30 Hus   F: Freicorps Fischer
PN: 1 Abt Volontaires de prusse

30. Sept.   Einschließung von Wesel
  GenLt Erbprinz   Gen Castellas
BÜ: 1 Btl Bückeburg   Besatzung von Wesel
    K J C   F: 2 Btl Reding
H: GrenBtl Wersebe   4 Btl La Tour du Pin
   1 Btl Block   2 Btl Enghin
   1 Btl Scheither   3 Btl Miliz
   1 Btl Behr   2 Btl Languedoc
   1 Btl Monroy   1 Btl Infanterie (??)
   1 Btl Kielmannsegge   300 Volontaires de Campe
   1 Btl Alt — Zastrow   fort
   1 Btl Jung — Zastrow   200 Mann Artillerie
   1 Btl Ahlefeld   Genesende
   1 Btl Marschalk   18 Piquets ???
   1 Btl Wrede   X: Bewaffnete Schiffer
   1 Btl Wangenheim
   1 Btl Maydell
   2 Esc Leibregiment
   4 Esc Bock Drag
   4 Esc Breidenbach Drag
   Sht C
   Legion britannique
HE: GrenBtl Rückersfeld
   GrenBtl Papenheim
   GrenBtl Mirbach
   2 Btl 2.Garde
   2 Btl 3.Garde
   GarnBtl Müller
   GarnBtl Blome
   2 Esc Leibregiment
   2 Esc Prüschenk
   4 Esc Prinz Friedrich Drag
   2 Esc Hus
PN: 2 Esc Malachowsky Hus

4. Quartal 1760

01. Okt.   Übergabe des Clever Schlosses
Oberst v. Ditfurth
GB: 100 Reiter Maydell   F: 1 Btl Namey
HE: 2 Btl 3.Garde   17 Mann Artillerie

02. Okt.   Scharmützel bei Orsoy
Hptm v. Wintzigerode
X: Truppen

04. – 09. Okt.   Streifzug an die Maas
OberstLt Jeanneret
PN: Hus

06. Okt.   Scharmützel bei Duderstadt
X: 150 Reiter

??. Okt. [32]   Überfall auf ein Magazin zwischen Venlo und Roermonde
PN: Malachowsky Hus

09. Okt.   Ausfall der Besatzung aus Wesel

10. Okt.   Erstürmung der Demmer Schanze bei Geldern

11. Okt.   Eröffnung der Laufgräben vor Wesel

11. Okt.   Ausfall der Besatzung aus Wesel

12. Okt.   Scharmützel bei Nordheim
Von Luckners Korps   Graf d'Espies
X: Vorposten   X: 4000 Mann

14. Okt.   Gefecht bei Rheinberg
Maj Wintzigerode
H: Jäger zu Pferd   F: Freicorps Fischer: Jäger zu Pferd
HE: Hus   Hus
X: 1 Btl Freiwillige Infanterie

??. Okt.   Verbrennung einer Schiffsbrücke bei Wesel

16. Okt.   Überfall von Orsoy
BÜ: Teile des K J C

16. Okt.   Gefecht bei Kloster Kamp
GenLt Erbprinz   GenLt Marquis de Castries
GB: GrenBtl Lennox   F: 4 Btl Normandie
      GrenBtl Maxwell   4 Btl Auvergne ↘

4. QUARTAL 1760 - 89 -

(noch 16. Okt. Gefecht bei Kloster Kamp)

GB: 1 Btl Highlander Campell   F: 2 Btl La Tour du Pin
    1 Btl Highlander Keith   3 Btl Alsace
    1 Btl Kingsley   2 Btl La Couronne
    1 Btl Home   2 Btl Bouillon
    1 Btl Bockland   2 Btl Vaubecourt
    1 Btl Griffin   2 Btl Briqueville
    1 Btl Brudenel   1 Btl La Reine
    1 Btl Welsh-Fuseliers   2 Btl Orléans
    2 Esc Conway   2 Btl Castellas
    2 Esc Inniskilling   2 Btl Salis
    2 Esc Mordaunt   2 Btl Enghin
    2 Esc Eliot Drag   2 Btl Rohan-Rochefort
H: 1 Btl Füselier   1 Btl Tournaisis
    1 Btl Alt-Zastrow   3 Esc Gendarmerie de France
    1 Btl Block   2 Esc du Roi
    1 Btl Jung-Zastrow   2 Esc Royal Rousillon
    1 Btl Marschalk   2 Esc Royal Piemont
    1 Btl Wreden   2 Esc Aquitaine
    1 Btl Maydell   2 Esc Bourbon
    1 Btl Reden   2 Esc Crussol
    1 Btl Müller   2 Esc Archiac
    4 Esc Bock Drag   2 Esc Ecars
    Artillerie   4 Esc Royal Drag
HE: 2 Btl 2.Garde   4 Esc Thianges Drag
    2 Btl 3.Garde   Drag/Jäger de Conflans
    2 Btl Erbprinz   Legion royale
    GarnBtl Müller   Artillerie:
    2 Esc Einsiedel   2.Brig Royal Artillerie Loyauté
    2 Esc Prüschenk
    4 Esc Prinz Friedrich Drag
    Artillerie
PN: Hus

17. Okt.   **Vorpostengefecht bei Elverich**

HE: 2 Btl 3.Garde   F: Brig Roquepine
                                           1 Abt Royal Drag

18. Okt.   **Arrieregardengefecht beim Rückzug über den Rhein bei Ginderich**

H: 1 Btl Maydell   F: Thianges Drag
HE: Hus   Artillerie
PN: Hus
X: 24 schwere Geschütze

18. Okt.   **Gefecht bei Ensdorf**
                                           Graf Schomberg
X: 500 Mann   X: Truppen

19. Okt. Scharmützel bei Brünen
HE: Hus

28. Okt. Scharmützel bei Schermbeck
                                                    Brigadier Boisclairau
H: Sht C   F: Durfort
                                                    Leichte Truppen

01. Nov. Gefecht bei Gahlen
BÜ: K J C
X: 100 Mann Infanterie
      100 Mann Kavallerie

08. Nov. Recogniscierungsgefecht bei Gartrup
BÜ: 20 Jäger und 20 Karabiniers v. K J C
H: 20 Jäger zu Fuß und 20 Jäger zu Pferd vom Sht C

13. Nov. Gefecht bei Giebelhausen
 GenMaj Luckner   Oberst Marquis Pons
H: 1 Btl Halberstadt   F: Orléans Drag
     1 Btl Dreves
     1 Btl Schulenburg
     2 Esc Grothaus
     2 Esc Hodenberg
     2 Esc Heise
H: 4 Esc Luckner Hus

21. Nov. Beginn der Blockade Göttingens
 Blockadetruppen: Besatzung
 Korps Kielmannsegge   GenLt de Vaux
BS: GrenBtl Stammer   F: 3800 Mann der:
      GrenBtl Redecker   Volontaires de France
      2 Btl Leibregiment   Volontaires d'Hainault
GB: 2 Esc Karabiniers   2 Btl Belsunce
      2 Esc Honiwood   570 Mann versch. Kav-Rgt'er
H: 1 Btl Garde   180 Berchiny Hus
     1 Btl Kielmannsegge
     1 Btl Ahlefeld
     1 Btl Geiso
     1 Btl Linstow
     1 Btl Wittorf
     1 Esc Leibgarde
     1 Esc Gren à Cheval
     2 Esc Bremer
     2 Esc Jüngermann
HE: GrenBtl Balke
      GrenBtl Stirn ↘

4. QUARTAL 1760 - 91 -

(noch 21. Nov. Beginn der Blockade Göttingens)
HE: GrenBtl Schlotheim
　　GrenBtl Butlar
　　2 Esc Einsiedel

　Korps Wangenheim
BS: 3 Esc Karabiniers
H: 1 Btl Laffert
　　1 Btl Röden
　　1 Btl Plessen
　　2 Esc Veltheim
HE: 2 Btl Bischhausen
　　GarnBtl Kutzleben
　　1 Brig Jäger
　　4 Esc Leibdragoner

　Korps Luckner
H: 1 Btl Halberstadt
　　1 Btl Dreves
　　1 Btl Schulenburg
　　2 Esc Grothaus
　　2 Esc Hodenberg
　　2 Esc Heise
　　4 Esc Luckner Hus

　Zusätzlich: Prinz Ferdinand v. Preußen
PN: 2-3000 Mann Leichte Truppen
　　Artillerie

28. Nov.　　　　**Gefecht bei Hedemünden**
　Gen Breidenbach　　　　　Montfort
BS: 800 Mann Leibregiment　X:　Einige 100 Mann
H: 800 Mann Garde　　　　　　versch.Rgt'er; u.a.:
　　2 Esc Bremer　　　　　F: Durfort
　　2 Esc Waldhausen

29. Nov.　　　　**Mißglückter Sturm auf Schloß Arnstein bei Witzenhausen**
　GenMaj Luckner　　　　　Capt. du Verteuil
　Truppen　　　　　　F:　200 Mann Champagne

30. Nov.　　　　**Ausfall der Besatzung aus Göttingen**

03. Dez.　　　　**Ausfall der Besatzung aus Göttingen**

06. Dez.　　　　**Ausfall der Besatzung aus Göttingen**

11. Dez.　　　　**Ausfall der Besatzung aus Göttingen**

13. Dez.   Die Blockade von Göttingen wird aufgehoben

18. Dez.   Überfall von Heiligenstadt

Vom Korps Luckner
X: 1 Abt

23. Dez.   Gefecht bei Heiligenstadt

 GenMaj Luckner   Duc de Broglio

H: 1 Btl Halberstadt   F: Grenadiers royaux:
     1 Btl Dreves   Chantilly
     1 Btl Schulenburg   Conus
     2 Esc Grothaus   Inf.Rgt Navarre
     2 Esc Hodenberg
     2 Esc Heise
     4 Esc Luckner Hus

28. Dez.   Überfall von Beberbeck

BS: Jäger
      Hus

Das Jahr 1761

1. Quartal 1761

02. Jan.   **Angriff auf Duderstadt**

Gen v. Mansberg   Vicomte Belsunce
BS: GarnBtl Zweydorff   F: 4 Btl Navarre
H: 1 Btl Halberstadt   2 Btl Belsunce
     1 Btl Rhöden   Kav Curassiers du Roi
HE: 2 Btl Mansbach   Kav Lameth Hennecourt
     4 Esc Leibdragoner

02. Jan.   **Gefecht bei Worbis**

GenMaj Luckner
H: 4 Esc Luckner Hus   F: 4 Btl Navarre
HE: GarnBtl Kutzleben   Kav Curassiers du Roi
     2 Brig Jäger   Kav Lameth Hennecourt
X: 3 Esc Hus

03. Jan.   **Gefecht bei Duderstadt**

BS: GarnBtl Zweydorff   F: 4 Btl Navarre
H: 1 Btl Halberstadt   2 Btl Belsunce
     1 Btl Rhöden   Kav Curassiers du Roi
     1 Btl Kielmannsegge   Kav Lameth Hennecourt
     1 Btl Dreves
     2 Esc Grothaus
     2 Esc Hodenberg
HE: 2 Btl Mansbach
     4 Esc Leibdragoner
PN: 1 Btl Treskow
X: 1 Abt der Truppen Luckners (s.o.: 02. Januar)

20. Jan.   **Gefecht bei Arnsberg**

                              Meaupeou
H: Sht C   X: Truppen

26. Jan.   **Gefecht bei Rüthen**

                              Meaupeou
HE: GrenBtl Rückersfeld   X: Truppen

26. Jan.   **Überfall von Ebeleben**

PN: FreiBtl Wunsch   F: Volontaires d'Austrasie
                                         600 Reiter ???
                              SA: 3 Btl Gren
                                         2 Btl Musketiere

26. Jan.   **Überfall von Kindelbrück**

X: 350 Mann Infanterie   F: Kavallerie
     50 Hus   SA: Infanterie

1. QUARTAL 1761 - 95 -

26. Jan.   **Überfall von Rodstadt und Scheerenberg**

27. Jan.   **Überfall von Stadtbergen**
Maj de L'Ane   Vicomte de Narbonne
H: Legion britannique de l'Ane   F: 1 Btl Volontaires de St.Victor
                                                          1400 Mann Infanterie
                                                          400 Mann Kavallerie

29. Jan.   **Scharmützel bei Schlotheim**
Oberst Löllhöfel
PN: FreiBtl Wunsch   SA: 1 Abt Infanterie
     5 Esc Leibregiment
     5 Esc Seydlitz
     300 Ziethen Hus

??. Jan.   **Vorpostengefecht bei Haarhof**
Lt Werneck
H: 1 Abt Bock Drag
HE: 1 Abt GrenBtl Mirbach

01. Feb.   **Gefecht bei Westerode**
GenMaj Luckner
X: 1 Abt seiner Truppen [33]

03. Feb.   **Angriff auf Fritzlar**
                                      F: 2 Btl Grenadiers royaux
                                                            Narbonne und ??

10. Feb.   **Gefecht bei Worbis**
HE: Hus

10. Feb.   **Gefecht bei Winterberg**
H: Sht C   F: 50 Turpin Hus
HE: Hus

11. Feb.   **Angriff auf Duderstadt abgeschlagen**
OberstLt Rehborn   Vicomte Belsunce
X: Truppen   F: Inf.Rgt Belsunce

12. Feb.   **Recogniscierungsgefecht bei Eickenrode**
GenMaj Luckner
H: 1 Esc Hodenberg   F: Grenadiers royaux
     1 Esc Bremer
HE: 2 Esc Leib Drag

12. Feb.   **Scharmützel bei Sachsenberg**
H: 1 Abt von Sht C   F: 1 Patrouille Turpin Hus

12. Feb.   Mißglückter Sturm auf Fritzlar

Avantgarde des Korps Erbprinz   Vicomte de Narbonne
H: 1 Btl Maydell   F: 1 Btl Grenadiers royaux
HE: GrenBtl Mirbach   7 Abt Irischer Regimenter
     GrenBtl Papenheim
     GrenBtl Rückersfeld
     2 3-pfünder

12. Feb.   Gefecht bei Eigenrieden

GenMaj Luckner
H: 1 Esc Hodenberg   F: Grenadiers de France
     1 Esc Bremer   Grenadiers royaux
HE: 2 Esc Leib Drag   Inf.Rgt Picardie

13. Feb.   Einnahme von Rosenthal [34]

Vom Korps Breidenbach:
H: Sht C   F: La Marck

14. Feb.   Gefecht an der Brücke von Merxleben

                                      SA:Vorposten

15. Feb.   Einnahme von Fritzlar

Korps Erbprinz
GenLt Erbprinz v. Braunschweig
GenLt v. Zastrow
GenLt v. Bock
GenMaj Howard
GenMaj Behr
GenMaj Eliot
GenMaj Wolff
GenMaj Zastrow
GenMaj Webbe   Vicomte de Narbonne
BS: 1 Btl Zastrow   F: 1 Btl Grenadiers royaux
     2 Btl Mansberg   7 Abt Irischer Regimenter
BÜ: 4 12-pfünder
GB: 1 Btl Griffin
     1 Btl Brudenel
     2 Esc Inniskilling
     2 Esc Mordaunt
     2 Esc Grey Horses
     2 Esc Waldgrave
     2 Esc Ancram
     6 12-pfünder
H: 1 Btl vac.Alt-Zastrow
     1 Btl Jung-Zastrow
     1 Btl Post
     1 Btl Scheele
     1 Btl Scheither ↘

1. QUARTAL 1761 - 97 -

(noch 15. Feb. Einnahme von Fritzlar)
H: 1 Btl Maydell
    1 Btl Behr
    4 12-pfünder
HE: GrenBtl Rückersfeld
    GrenBtl Papenheim
    GrenBtl Mirbach
    2 Esc Gens d'Armes
    2 Esc Erbprinz
    2 Esc Prüschenk
    4 Esc Prinz Friedrich Drag
    12 6-pfünder
PN: 3 Esc Ruesch Hus
    2 Esc Malachowsky Hus
X: Artillerie:
    4 Haubitzen

15. Feb.   Scharmützel bei Gensungen
Korps Zastrow
X: 1 Abt Kavallerie

15. Feb.   Gefecht bei Marburg

15. Feb.   Gefecht bei Langensalza [35]
Gen d.Inf. Spörken   GenLt Graf Stainville
Gen Syburg   GenLt Graf Solms
H: 2 Esc Hodenberg   F: 4 Btl Picardie
    2 Esc Bremer   2 Btl Castellas
    4 Esc Reden Drag   2 Btl Volontaires de Clermont
    4 Esc Luckner Hus   2 Btl Grenadiers de France
    2 Brig Jäger (Alt-u.   4 Esc La Feronay Drag
       Jung-Bülow)   4 Esc Le Roi Drag
HE: 4 Esc Leib Drag   4 Esc Royal Nassau Hus
PN: GrenBtl Lossow   SA: 1 Btl Rochow
    GrenBtl Natalis   1 Btl Graf Brühl
    GrenBtl Heilsberg   1 Btl Prinz Clemens
    5 Esc Karabiniers   2 Btl Prinz Friedrich August
    5 Esc Seidlitz   2 Btl Prinz Xaver
    5 Esc Ziethen Hus   1 Btl Prinz Carl
                              1 Btl Prinz Anton
                              2 Btl Kurprinzessin
                              1 Btl Prinz Josef
                              1 Btl Prinz Gotha
                              Artillerie-Btl

16. Feb.   Scharmützel bei Frankenberg
HE: Hus

17. Feb.   **Gefecht bei Marburg**

17. Feb.   **Einnahme von Eisenach**
GenMaj Luckner
H: 2 Esc Hodenberg
     2 Esc Bremer
     2 Esc Veltheim
HE: 4 Esc Leib Drag
X: 4 Rgt'er Infanterie
     6 Esc Kavallerie

18. Feb.   **Gefecht bei Sachsenberg**
                               Gen Meaupeou
H: Busch Drag   F: 890 Mann Boccard
HE: 2 Btl 3.Garde   2 Btl Gren)_{v.} Rgt Bour-
     Hus   150 Mann) bonnais
                               Turpin Hus
                               Turpin-Jäger
                      X: Infanterie

18. Feb.   **Erstürmung des Schlosses Battenberg**
Gen Scheither   OberstLt La Peronne
H: 1 Abt Block   F: 1 Capitain, 4 Offiziere
     Sht C   250 Schweizer, 10 Hus

18. Feb.   **Überfall auf Hardegsen**

19. Feb.   **Einnahme von Vacha**
GenMaj Luckner
H: 2 Esc Hodenberg
     2 Esc Bremer
     2 Esc Veltheim
HE: 4 Esc Leib Drag
X: 4 Regimenter Infanterie
     6 Escadrons Kavallerie

19. Feb. — 28. März   **Belagerung von Kassel**
Belagerungskorps   Besatzung
Graf Schaumburg-Lippe   Graf Broglio
BÜ: 250 Mann Bückeburg   F: 4 Btl Navarra
BS: 200 Gren GrenBtl Redecker   4 Btl Belsunce
       170 Gren GrenBtl Stammer   2 Btl Aquitaine
       3 Esc Karabiniers   2 Btl Condé
       Artillerie: Einige Komp Durfort
           4 leichte Mörser   300 Mann Provence
H: 160 Gren GrenBtl Quernheim   360 Reiter der Rgt'er:
     220 Gren GrenBtl Waldhausen   Royal
     300 Gren GrenBtl Schulenburg   Royal-Étrangers ↘

1. Quartal 1761 - 99 -

(noch 19. Feb. — 28. März Belagerung von Kassel)

H: 260 Gren GrenBtl Rieben   F: Schomberg Drag
     280 Mann Ahlefeld   Royal Nassau Hus
     320 Mann Alt-Zastrow   Volontaires de Clermont
     320 Mann Bock   Volontaires d'Austrasie
     280 Mann Dreves   326 Mann Artillerie der Brig:
     440 Mann Jung-Zastrow   de Mouy
     324 Mann La Chevallerie   Villepatour
     200 Mann Mecklenburg
     340 Mann Plesse
     250 Mann Wrede
     300 Mann Post
     230 Mann Wangenheim
     441 Mann Scheither
     2 Esc Jüngermann
     Sth S C
HE: 430 Mann Bischhausen
     330 Mann Gilsa
     200 Mann Leibregiment
     320 Mann Malsburg
     330 Mann Mansbach
     300 Mann Wutgenau
     250 Mann GarnBtl Wurmb
     2 Esc Einsiedel
Artillerie: (H + HE + BÜ)
     8 50/100-pfündige Mörser
     14 24-pfündige Mörser
     12 12-pfündige Mörser

22. Feb.   **Einnahme von Fulda**
   GenMaj Luckner
H: 2 Esc Hodenberg
     2 Esc Bremer
     2 Esc Veltheim
HE: 4 Esc Leib Drag
X: 4 Regimenter Infanterie
     6 Escadrons Kavallerie

23. Feb. — 25. März   **Belagerung von Ziegenhain**
   Belagerungskorps   Besatzung
   Gen Schlüter   Baron Zuckmantel
BS: 1 Btl Zastrow   F: 300 Grenadiers royaux
HE: 2 Btl 3.Garde   Narbonne
     GarnBtl Müller   600 Mann Nassau
     GarnBtl Blome
     GarnBtl Kutzleben ↘

(noch 23. Feb. — 25. März Belagerung von Ziegenhain)
X: Artillerie:
  11 12-pfünder
  16 Haubitzen und Mörser

23. Feb.	Duderstadt wird eingenommen
25. Feb.	Überfall von Herzberg
25./26. Feb.	Ausfall der Besatzung von Kassel
28. Feb.	Angriff auf Ziegenhain
??. Feb.	Einnahme von Amöneburg
01/02. März	Eröffnung der Laufgräben vor Kassel
02. März	Überfall von Büdingen

Korps Erbprinz
BS: 2 Btl Leibregiment F: (u.a.):
H: 1 Btl Kielmannsegge   Royal Deux Ponts
   1 Btl Halberstadt
   1 Btl Laffert
   1 Btl Rhöden
   Jäger
   4 Esc Reden Drag
HE: 4 Esc Prinz Friedrich Dragoner

?? März   **Scharmützel bei Freienhagen** [36]

 Capt Willenius
X: 1 Streifpartie

03. März   **Angriff auf Hungen**

 Oberst v. Estorf
BS: 2 Btl Imhoff
H: 1 Btl Hardenberg
   1 Btl Estorf
   1 Btl Meding
   2 Esc Waldhausen
HE: 2 Esc Erbprinz
    2 Esc Prüschenk

03. März   **Angriff auf Nidda**

 GenLt Graf Kielmannsegge
HE: 2 Btl Prinz Carl
    2 Btl Anhalt
    2 Btl Bartheld

1. QUARTAL 1761 - 101 -

06. März   **Gefechte bei Florstadt und Wickstadt**
GenLt Graf Kielmannsegge
HE: 2 Btl Prinz Carl   F: Volontaires de Clermont
      2 Btl Anhalt   Drag
      2 Btl Bartheld
X: Truppen

07. März   **Ausfall der Besatzung aus Kassel**
                                   F: 1. und 3. Btl Belsunce
                                               Aquitaine

10. März   **Ausfall der Besatzung aus Ziegenhain**

10./11. März   **Beginn der planmäßigen Beschießung von Kassel**

11. März   **Nordheim wird besetzt**

13./14. März   **Überfall bei Königsberg nahe Wetzlar**
HE: Hus

14. März   **Scharmützel bei Fronhausen**
Vom Korps Gramby
X: 500 Mann Infanterie und Kavallerie
      Leichte Truppen

14. März   **Die Beschießung von Ziegenhain wird eingestellt**

16. März   **Vorpostenplänkeleien bei Nordecken**
                           (Nähe Gießen)
BÜ: K J C

16. März   **Gefecht bei Stangerod**
 GenLt Erbprinz
 GenMaj Luckner
BS: 2 Btl Leibregiment
      2 Btl Imhoff
H: 1 Btl Kielmannsegge
      1 Btl Halberstadt
      1 Btl Laffert
      1 Btl Rhöden
      2 Brig Jäger
      2 Esc Bremer
      2 Esc Veltheim
      2 Esc Heise
      2 Esc Grothaus
      4 Esc Reden Drag
      4 Esc Luckner Hus
HE: GrenBtl Schlotheim
      GrenBtl Stirn ↘

(noch 16. März Gefecht bei Stangerod)
HE: GrenBtl Balcke
　　GrenBtl Hilgenbach
　　4 Esc Prinz Friedrich Dragoner ↓
PN: 3 Esc Ruesch Hus
　　2 Esc Malachowsky Hus
　　4 Esc Bauer Hus

16. März　　　　**Ausfall der Besatzung aus Kassel**

18. März　　　　**Vorpostengefecht bei Ober-Walgern**
GB: Truppen　　　　　　　F:　　Freicorps Fischer

19. März　　　　**Gefecht bei Laubach**
GenMaj Luckner
H: 2 Esc Veltheim　　　　　F:　　Legion royale
　　2 Esc Heise
　　2 Esc Grothaus
　　4 Esc Reden Drag
　　4 Esc Luckner Hus
HE: GrenBtl Schlotheim
　　GrenBtl Stirn
　　GrenBtl Balcke
　　GrenBtl Butlar
PN: 3 Esc Ruesch Hus
　　2 Esc Malachowsky Hus
　　4 Esc Bauer Hus

21. März　　　　**Gefecht bei Grünberg**
　　　　　　　　　　　　　GenLt Graf Stainville
GenLt Erbprinz　　　　　　Gen Clausen
GenMaj Luckner　　　　　　Gen Diesbach
BS: 2 Btl Leibregiment　　F:　　2 Btl Diesbach
　　2 Btl Imhoff　　　　　　　　2 Btl Royal Deux Ponts
H: 1 Btl Kielmannsegge　　　　Grenadiers de France
　　1 Btl Halberstadt　　　　　Grenadiers royaux
　　1 Btl Laffert　　　　　　　Volontaires d'Austrasie
　　1 Btl Rhöden　　　　　　　　Volontaires d'Hainault
　　2 Brig Jäger　　　　　　　　Volontaires de Clermont
　　2 Esc Bremer　　　　　　　　Volontaires de St. Victor
　　2 Esc Veltheim　　　　　　　Kav Brig Royal Allemande
　　2 Esc Heise　　　　　　　　　Schomberg Drag
　　2 Esc Grothaus　　　　　　　Le Roi Drag
　　4 Esc Reden Drag　　　　　　La Ferronay Drag
　　4 Esc Luckner Hus　　　　　Caraman Drag
HE: GrenBtl Schlotheim　　　　Orléans (Drag?)
　　GrenBtl Stirn
　　GrenBtl Balcke ↘

1. QUARTAL 1761 - 103 -

(noch 21. März Gefecht bei Grünberg)
HE: GrenBtl Hilgenbach
    4 Esc Prinz Friedrich Drag
PN: 3 Esc Ruesch Hus ↓
    2 Esc Malachowsky Hus
    4 Esc Bauer Hus

21. März	Ausfall der Besatzung aus Kassel

21. März	Gefecht bei Wetter

 Gen Scheither   OberstLt Chevalier d'Origny
H: Sht C   F: 1 Abt Turpin Hus
HE: Hus   1 Abt Freicorps Fischer
                                        Royal-und Thianges Drag
                                        Volontaires d'Hainault

21. März	Gefecht in Seelheim

BÜ: K J C
GB: Erskin Drag

21./22. März	Angriff auf Amöneburg

H: 1 Btl Block   F: Bretagne
     1 Btl Kraushaar

25. März	Vorpostengefechte an der Ohm und bei Burggemünden

23. März	Erstürmung der Mombach-Redoute vor Kassel

H: GrenBtl Wangenheim   F: Gren des 1. und 3. Btl's Belsunce

25. März	Arrieregardengefecht bei Löhlbach und Hundsdorf

 Oberst Beckwith
BÜ: K J C
GB: GrenBtl Lennox
    GrenBtl Campell
    1 Btl Highlander Keith
H: Truppen

25. März	Arrieregardenscharmützel bei Homberg [37]

25. März	Gefecht bei Netze

                                      OberstLt Chevalier d'Origny
H: Legion britannique   F: 1 Abt Turpin Hus
     Appelbohm (Inf und Kav)   1 Abt Freicorps Fischer
                                      130 Royal-und Thianges Drag
                                      Volontaires d'Hainault

25. März — Arrieregardengefecht bei Dittershausen

GenLt Erbprinz
H: 1 Btl Meding
    1 Btl Hardenberg
    4 Esc Reden Drag
PN: 1 Esc Ruesch Hus
    2 Esc Malachowsky Hus
    1 Esc Bauer Hus

GenMaj Luckner:
H: 1 Brig Jäger
    2 Esc Bremer
    2 Esc Veltheim
    2 Esc Heise
    4 Esc Luckner Hus
HE: GrenBtl Schlotheim
    GrenBtl Stirn
    GrenBtl Balcke
    GrenBtl Hilgenbach

Gen Poyanne
F: Volontaires de St. Victor
   100 Nassau Hus ↓
   Drag

25. März — Gefecht bei Leinsfeld

GenMaj Zastrow
GenMaj Schlüter
BS: 1 Btl Zastrow
H: 2 Esc Hodenberg
HE: 2 Btl 3. Garde
    GarnBtl Müller
    GarnBtl Blome
    GarnBtl Kutzleben

Gen Montchenu
F: Drag-Brig Orléans
   Reiter der:
      Volontaires de Flandre
      Volontaires de d'Hainault
      Volontaires de Clermont
      Volontaires d'Austrasie
   200 Mann der Besatzung von Ziegenhain

25. März — Überfall bei Nordhausen [38]

PN: Freibataillon Collignon

F: Lastie
   Rougé

26. März — Rückzugsgefecht bei Fritzlar [39]

Marschall Broglio
HE: 300 Mann
    GrenBtl Schlotheim

F: Drag-Brig Orléans
   Reiter der:
      Volontaires de Flandre
      Volontaires de d'Hainault
      Volontaires de Clermont
      Volontaires de d'Austrasie

27. März   **Gefecht bei Korbach**
 GenLt Kielmannsegge
HE: GrenBtl Mirbach
    GrenBtl Schmidt
    2 Btl 2.Garde
    2 Btl 3.Garde ↓
    2 Btl Erbprinz

25. März   **Arrieregardengefecht bei Eiberberg und Altenstädt**
 Oberst Beckwith
BÜ: K J C
GB: GrenBtl Lennox
    GrenBtl Campell
    1 Btl Highlander Keith
H: Truppen

2. Quartal 1761

09. Apr.   **Gefecht bei Darrfeld**
BÜ: 35 Karabiniers)
      53 Jäger) v. K J C

Ende Apr.   **Gefecht bei Uslar**
H: Legion britannique Udam

04./05. Mai   **Gefecht bei Neu-Waake (Nahe Göttingen)**
 GenMaj Luckner
H: 4 Esc Luckner Hus

05. Mai   **Überfall bei Katlenburg**
 GenMaj Luckner   Gen. Belsunce
H: 4 Esc Luckner Hus   X: Truppen

29. Mai   **Überfall bei Northeim**
 GenMaj Luckner
X: Truppen

04. Juni   **Überfall auf Bringhausen**
BS: 150 Hus

04. Juni   **Scharmützel bei Holzhausen**
BS: Hus

06. Juni   **Gefecht bei Sand**
 GenMaj Luckner   Prinz Xaver
BS: Hus   X: Avantgarde
H: Luckner Hus

14. Juni   **Besetzung der Zappenburg**
H: Jäger
    Sth S C

14. Juni   **Gefecht bei Gieselwerder**
H: Jäger
    Sth S C

06. Juni   **Überfall auf Göttingen**
 GenMaj Luckner
H: 2 Esc Veltheim   F: (Legion royale ?)
H: 2 Esc Jüngermann
    4 Esc Luckner Hus

2. Quartal 1761

17. Juni   **Scharmützel bei Elliehausen**
GenMaj Luckner
H: 2 Esc Veltheim
H: 2 Esc Jüngermann
    4 Esc Luckner Hus

06. Juni   **Scheithers Streifzug an den Rhein**
H: 50 Reiter v. Sht C

19. Juni   **Recogniscierungsgefecht bei Unna**
BÜ: K J C   F: Chamborant Hus

22. Juni   **Vorpostengefecht bei Lünen**
                                  Graf Turpin
GB: Drag   F: Brig Talaru
H: Legion britannique Porbeck   Volontaires d'armée
      Legion britannique Pentz   Volontaires de Clermont
      Sht C
HE: 1 Abt Jäger
      Hus

22. Juni   **Vorpostengefecht bei Kamen**
                                  Gen Brehent
H: Legion britannique Udam   F: Volontaires de Dauphiné
HE: Hus

22. Juni   **Vorpostengefecht bei Unna**
PN: 3 Esc Ruesch Hus
      2 Esc Malachowsky Hus

23. Juni   **Vorpostengefecht bei Büderich**
PN: Hus   F: Volontaires de Clermont

24. Juni   **Vorpostengefechte bei Büderich und Werl**
                                 F: Volontaires de Clermont
                                               Turpin Hus

26. Juni   **Vorpostengefecht bei Hoingen**
                                  GenLt Marquis de Conflans
PN: Ruesch Hus   F: Legion Conflans [40]

27. Juni   **Gefecht in Werl**
Maj Rall
GB: 200 Mann Infanterie
PN: 2 Esc Malachowsky Hus

27. Juni   **Vorpostengefecht bei Kamen**
Korps Erbprinz
X: Truppen

28. Juni   **Vorpostengefecht bei Kamen**
Korps Erbprinz
X: Truppen

29. Juni   **Gefecht bei Lünen**
BÜ: K J C
H: Jäger v. Sht C

Korps Erbprinz
X: Truppen

29. Juni   **Gefecht im Wald von Kleinenberg**
Korps Spörken
X: Arrieregarde   F: Volontaires d'Hainault
                                             Volontaires de Flandre

29. Juni   **Arrieregardengefecht bei Tietelsen**
Korps Luckner
X: Arrieregarde unter   F: u.a. Rougé (Inf)
                                               OberstLt Riedesel

3. Quartal 1761

02. Juli   **Gefecht bei Westhofen**

GenMaj Scheither
BÜ: K J C
H: 2 Btl Legion britannique
     Sht C

F: Volontaires de Clermont
       Volontaires de Dauphiné
       Volontaires de Conflans

02. Juli   **Vorpostengefecht bei Unna**

Korps Erbprinz   (Aus der Armee Soubise): Gen Pedemont
X: Vorposten
    u.a.:HE: Rgt Anhalt

F: 6 Btl Gren
       Volontaires

02. Juli   **Recogniscierungsgefecht bei Unna**

HE: 50 Hus   F: (Chamborant?) Hus

03. Juli   **Scharmützel bei Wickede**

Maj Scheither   Prince de Croy
H: Sht C   F: Bouillon
                      Volontaires de Conflans
                      Des Salles
                      Royal Piemont (Kav)

04. Juli   **Gefecht bei Unna**

GenLt Erbprinz   Gen Vogué
BÜ: K J C
H: 1 Btl Block
    1 Btl Kielmannsegge
    1 Btl Wangenheim
    1 Btl Reden
    1 Btl Scheele
    1 Btl Halberstadt
    1 Btl Estorf
    1 Btl Kraushaar
    1 Btl Meding
    1 Btl Monroy
    Legion britannique
     Sht C
    2 Esc Leibregiment
    2 Esc Alt-Bremer
    2 Esc Jung-Bremer
    2 Esc Heise
    4 Esc Busch Drag
    4 Esc Bock Drag
HE: GrenBtl Mirbach
    GrenBtl Schmidt
    GrenBtl Stirn ↘

F: Gardes françaises
       Gardes suisses
       Inf Vaubecourt
       Inf Brieville
       Gren und Jäger der Regimenter:
       Touraine
       Gardes Lorraine
       Bretagne
       Enghien
X: Infanterie
       Kavallerie

(noch 04. Juli Gefecht bei Unna)
HE: GrenBtl Wolff
    GrenBtl Balcke
    GrenBtl Bülow
    2 Btl 2.Garde
    2 Btl 3.Garde
    2 Btl Leibregiment
    2 Btl Erbprinz
    2 Btl Prinz Carl
    2 Btl Bartheld
    Jäger
    2 Esc Gens d'Armes
    2 Esc Wolff
    4 Esc Leib Drag
    Hus

05. Juli   Scharmützel bei Wildungen
GB: Eliot Drag

07. Juli   Gefecht bei Sundern

10. Juli   Recogniscierungsgefecht bei Untrup
                                         Marschall Duc de Broglio
GB: 400 Mann Infanterie   F: Volontaires de St.Victor
PN: 3 Esc Ruesch Hus   Volontaires d'Austrasie
     2 Esc Malachowsky Hus

12. Juli   Erstürmung des Schlosses Neuhaus bei Paderborn
(GenMaj Luckner ?)   Baron Clausen [41]
BS: Hus   F: u.a.Volontaires de Clermont
H: GrenBtl Waldhausen   Schomberg Drag
     GrenBtl Rieben
     GrenBtl Robertson
     2 Esc Jüngermann
     2 Esc Veltheim
     4 Esc Luckner Hus

12. Juli   Gefecht bei Vellinghausen
GB: 1 Btl Highlander Keith   F: Volontaires de St.Victor
H: Legion britannique Pentz   Gren [42]

13. Juli   Gefecht beim Dorf Sande
 GenMaj Luckner   Gen Chabo
BS: Hus   F: u.a. Volontaires d'Hainault
H: Luckner Hus   Kav du Roi
PN: Bauer Hus

3. QUARTAL 1761 - 111 -

13. Juli	Vorpostengefecht bei Wambeln

Vom Korps Gramby u.a.:
GB: 1 Btl Highlander Keith
H: 1 Btl Legion britannique

14. Juli	Überfall bei Warburg

H: 200 Jäger [43]

14. Juli	Überfall zwischen Listingen und Westuffeln

H: 200 Jäger [44]

14. Juli	Besetzung der Sababurg

H: 1 Abt Jäger

14. Juli	Gefecht bei Gieselwerder

H: 1 Abt Jäger

15.und 16. Juli	Schlacht bei Vellinghausen

Herzog Ferdinand   Marschall Broglio [45]
                                       Marschall Soubise
BÜ: 1 Btl Bückeburg   F: Grenadiers de France
BS: 2 Btl Leibregiment   4 Btl Grenadiers royaux
    2 Btl Imhoff   Camus
    2 Btl Prinz Friedrich   Chantilly
    2 Btl Mansberg   Cambis
    3 Esc Karabiniers   La Tresne
GB: GrenBtl Walsh   4 Btl Piemont
    GrenBtl Maxwell   2 Btl Nassau
    1 Btl 1st Guard   2 Btl Royal Deux Ponts
    1 Btl 2nd Guard   2 Btl Provence
    1 Btl 3rd Guard   2 Btl Poitou
    1 Btl Grenadiers of the Guard   2 Btl Lemps
    1 Btl Highlander Keith   2 Btl Dauphin
    1 Btl Highlander Campell   2 Btl Touraine
    1 Btl Hodgeson (5th Foot)   1 Btl Royal écossais
    1 Btl Barrington (8th Foot)   2 Btl Jenner
    1 Btl Bockland (11th Foot)   2 Btl La Couronne
    1 Btl Napier (12th Foot)   Inf du Roi [46]
    1 Btl Kingsley (20th Foot)   InfBrig Champagne
    1 Btl Huske (23rd Foot   InfBrig Auvergne
            Welsh Fuseliers)   InfBrig Rougé
    1 Btl Cornwallis (24th Foot)   InfBrig Aquitaine
    1 Btl Erskin (25th Foot)   InfBrig La Reine
    1 Btl Griffin (33rd Foot)   InfBrig Orléans
    1 Btl Stuart (37th Foot)   InfBrig Boisgelin
    1 Btl Carr (50th Foot)   InfBrig Lyonnaise
    1 Btl Brudenel (51st Foot)   InfBrig Limousin
    2 Esc Royal Horse Guards   InfBrig Briqueville ↘

(noch 15.und 16. Juli Schlacht bei Vellinghausen)

GB: 2 Esc Conway (Royal Dragoons)
    2 Esc Waldgrave (2nd Dragoon Guards)
    2 Esc Howard (3rd Dragoon Guards)
    2 Esc Honiwood (7th Dragoon Guards)
    2 Esc Carabiniers
    2 Esc 2nd Royal North British Dragoons (The Greys)
    2 Esc 6th Inniskilling Dragoons
    2 Esc Cope (7th Dragoons)
    2 Esc Mordaunt (10th Dragoons)
    2 Esc Ancram (11th Dragoons)
    3 Esc Eliot (15th Light Dragoons)
    1 Komp Artillerie

H: 2 Btl Garde
    1 Btl Kielmannsegge
    1 Btl Halberstadt
    1 Btl Monroy
    1 Btl Kraushaar
    1 Btl Estorf
    1 Btl Scheele
    1 Btl Meding
    1 Btl Block
    1 Btl Sachsen-Gotha
    1 Btl Bock
    1 Btl Zastrow
    1 Btl Dreves
    1 Btl Sancé
    1 Btl Ahlefeld
    1 Btl Scheither
    Sht C
    Legion britannique Appelbohm
    Legion britannique Udam
    1 Esc Garde du Corps
    1 Esc Grenadiers à Cheval
    2 Esc Alt-Bremer
    2 Esc Jung-Bremer
    2 Esc Leibregiment
    4 Esc Waldhausen Drag
    4 Esc Busch Drag
    4 Esc Bock Drag
    Artillerie:
    3 Brig + 5 Komp

HE: GrenBtl Bülow ↘

F: InfBrig Irlandais [47]
    Gren und Jäger der Gardes françaises Gardes suisses
    Volontaires de Soubise
    Volontaires de St.Victor
    Dragon et chasseur de Conflans
    10 Esc Karabiniers
    Curassiers du Roi
    Des Salles
    Royal Roussillon
    Royal Piemont
    Royal Allemande
    Aquitaine
    Moustiers
    Bourbon-Busset
    Fitz-James
    Nassau-Usingen
    4 Esc Choiseul Drag
    4 Esc Le Roi Drag
    4 Esc La Ferronay Drag
    4 Esc Schomberg Drag
    Artillerie Brig Villepatour

(noch 15.und 16. Juli Schlacht bei Vellinghausen)

HE: GrenBtl Mirbach
　　GrenBtl Wolff
　　GrenBtl Balcke
　　GrenBtl Wilcke [48]
　　GrenBtl Stein
　　2 Btl 2.Garde
　　2 Btl 3.Garde
　　2 Btl Leibregiment
　　2 Btl Prinz Carl
　　2 Btl Bartheld
　　2 Btl Prinz Anhalt
　　2 Btl Mansbach
　　2 Btl Wutgenau
　　2 Btl Gilsa
　　2 Btl Bischhausen
　　Jäger
　　2 Esc Gens d'Armes
　　2 Esc Wolff
　　2 Esc Erbprinz
　　4 Esc Leib Drag
PN: 3 Esc Ruesch Hus
　　2 Esc Malachowsky Hus

17. — 20. Juli　　**Oberst Freytags Zug entlang der Werra**
H:　Jäger

17. Juli　　**Gefecht bei Neuhaus im Solling**
　　　　　　　　　　　　　　(Gen Chabo ??)
　GenMaj Luckner　　　　　(GenMaj Marquis de Rougé ??)
BS: Hus　　　　　　　　　X:　Truppen
H:　GrenBtl Waldhausen
　　GrenBtl Rieben
　　GrenBtl Robertson
　　2 Esc Jüngermann
　　2 Esc Veltheim
　　4 Esc Luckner Hus

20. Juli　　**Überfall auf Rothenburg**
H:　100 Jäger zu Pferd

20. Juli　　**Verbrennung eines Magazins in Hersfeld**
H:　100 Jäger zu Pferd

20. Juli　　**Gefechte bei Rhune und Ober-Ense**
H:　Sht C　　　　　　　F:　Chamborant Hus
HE: GrenBtl Bülow
　　GrenBtl Mirbach ↘

(noch 20. Juli Gefechte bei Rhune und Ober-Ense)

HE: GrenBtl Wolff
    GrenBtl Balcke
    GrenBtl Wilcke [49]
    GrenBtl Stein
    Jäger
    4 Esc Leib Drag
    Hus
PN: Hus

26. Juli   **Gefecht bei Delbrück**

GenMaj Luckner
X: 1 Abt seiner Truppen [50]

27. Juli   **Scharmützel bei Nieder Hoingen**

H: 1 Btl Legion britannique   F: Volontaires de Soubise
                                                Appelbohm

27. Juli   **Gefecht bei Soest**

PN: Hus

28. Juli   **Gefecht bei Gesicke**

PN: Hus

28. Juli   **Gefecht bei Lippspringe**

GenMaj Luckner
X: 1 Abt seiner Truppen [51]   F: 1 Komp Chasseurs de Monet

28. Juli   **Gefecht bei Fürstenberg**

                              Oberst Wurmser
H: Legion britannique   F: Volontaires de Soubise
    Appelbohm   Gren
    Piquets v. 6 Regimentern   Jäger
HE: 2 Btl 2.Garde   Freiwillige versch.Regimenter

29. Juli   **Gefecht bei Lippspringe**

GenMaj Luckner   Gen Clausen
X: 1 Abt seiner Truppen [52]   F: 1 Komp Chasseurs de Monet
                                              Legion royale

01. Aug.   **Überfall in der Nähe von Hörde**

BÜ: 20 Karabiniers

03.Aug.   **Gefechte bei Bredelar und Arolsen**

GenMaj Luckner
H: GrenBtl Waldhausen   F: Nassau Hus
    GrenBtl Rieben
    GrenBtl Robertson ↘

3. QUARTAL 1761 — 115 —

(noch 03.Aug. Gefechte bei Bredelar und Arolsen)
H: 2 Esc Jüngermann
    2 Esc Veltheim
    4 Esc Luckner Hus
PN: 4 Esc Bauer Hus

04. Aug.   Gefecht bei Ober Hoingen
Vom Korps Erbprinz:
X: 2 Btl
     4 6-pfünder

04. Aug.   Gefecht bei Dassel
H: Jäger

05. Aug.   Angriff auf Schloß Arnsberg
HE :Jäger
     Hus

05. Aug.   Gefecht bei Blomberg
  GenMaj Luckner

BS: 4 Esc Hus   F: Volontaires de Monet
H: GrenBtl Waldhausen   Volontaires de St.Victor
     GrenBtl Rieben   Schomberg Drag
     GrenBtl Robertson
     2 Esc Veltheim
     2 Esc Jüngermann
     4 Esc Luckner Hus
PN: 4 Esc Bauer Hus

05. Aug.   Überfall auf Dransfeld
  Kpt Sunder
H: 120 Jäger zu Pferd

05. Aug.   Gefecht bei Kloster Bredelar
  Gen Wangenheim
  GenLt Wutgenau
  Gen Lord Gramby   Gen Rochambeau

BS: 2 Btl Leibregiment   F: 24 Komp Grenadiers royaux
     2 Btl Imhoff   2 Btl Salis
     2 Btl Prinz Friedrich   2 Btl Reding
     2 Btl Mansberg   2 Btl Boccard
     3 Esc Karabiniers   KavBrig Royal-Pologne
GB: GrenBtl Walsh   6 Esc Chamborant Hus
     GrenBtl Maxwell   Rgt Choiseul (?)
     1 Btl Highlander Keith
     1 Btl Highlander Campell
     1 Btl Hodgeson
     1 Btl Cornwallis ↘

(noch 05. Aug. Gefecht bei Kloster Bredelar)
GB: 1 Btl Stuart
    1 Btl Napier
    1 Btl Bockland
    1 Btl Griffin
    1 Btl Brudenel
    1 Btl Welsh Fuseliers
    2 Esc Bland
    2 Esc Howard
    2 Esc Waldgrave
    2 Esc Grey Horses
    2 Esc Ancram
    2 Esc Moystin
    2 Esc Conway
    2 Esc Mordaunt
    2 Esc Inniskilling
    3 Esc Eliot Drag
H: 1 Btl Bock
    1 Btl Wreden
    1 Brig Jäger Bülow
    1 Brig Jäger Hattorf
    2 Esc Hodenberg
    2 Esc Behr
HE: 2 Btl Gilsa
    2 Btl Malsburg
    2 Btl Wutgenau
PN: 3 Esc Ruesch Hus
    2 Esc Malachowsky Hus

06./07. Aug.   **Vorpostengefechte bei Olphen und Hiddingstädt**
BÜ: K J C   F: Leichte Truppen
H: Legion britannique Porbeck

08. Aug.   **Scharmützel bei Falkenhagen**
H: 2 Esc Luckner Hus   X: 400 Pferde

08. Aug.   **Scharmützel bei Polle**
BS: Hus
PN: Bauer Hus

12./13. Aug.   **Die Besatzung von Dülmen wird überfallen**
Besatzung:
H: Legion britannique Porbeck   F: 8 Komp Gren
                                                           Volontaires de Conflans
                                                           400 Drag

13. Aug.   **Gefecht bei Horn**
X: 1 Abt Jäger

3. QUARTAL 1761 - 117 -

14. Aug.   Überfall auf Marktoldendorf
GenMaj Luckner   Gen Belsunce
H: Jäger   F: Vorposten der Infanterie
   Luckner Hus   600 Drag

14. Aug.   Scharmützel bei Mehrhof
HE: Hus

14. Aug.   Horn wird angegriffen
OberstLt Diemar   Prinz Beauveau
X: 300 Mann   F: Gren und Jäger der InfBrig
                                       Boccard
                                    Legion royale
                                    Volontaires de St.Victor
                                    Royal Drag

15. Aug.   Gefecht bei Rheine
Maj Doncel
GB: 100 Mann Freicorps Wallonie   F: 800 Volontaires de Campefort

15. Aug.   Überfall auf Uslar
GenMaj Luckner   Gen Belsunce
BS: GrenBtl Stammer   F: InfBrig Jenner
    GrenBtl Redecker   Volontaires d'Austrasie
    GrenBtl Wittorf   4 Esc Le Roi Drag
    Jäger   4 Esc La Ferronay Drag
    4 Esc Hus   Nassau Hus
H: GrenBtl Waldhausen
    GrenBtl Rieben
    GrenBtl Robertson
    1 Btl Röden
    3 Brig Jäger
    2 Esc Jüngermann
    2 Esc Veltheim
    4 Esc Luckner Hus

15. Aug.   Gefecht bei Kloster Hardehausen
Vom Korps Erbprinz
H: 2 Esc Bock Drag   F: Nicolaï Drag
HE: 2 Esc Leib Drag   Chamborant Hus
    2 Esc Hus   Volontaires de Flandre

16. Aug.   Gefecht bei Schwalenberg
GB: 3 Esc Eliot Drag
PN: 3 Esc Ruesch Hus
    2 Esc Malachowsky Hus
    4 Esc Bauer Hus

3. QUARTAL 1761

16. Aug. Kanonade von Roxel

18. Aug. Gefecht bei Bredenborn
PN: Hus

18. Aug. Gefecht bei Wolbeck
                Marquis de Viomesnil
        F: Volontaires de Dauphiné
            4 Btl Piemont

18. Aug. Gefecht bei Ossendorf
Vom Korps Erbprinz   Caraman
H: 2 Esc Bock Drag   F: InfBrig Limousin
HE: GrenBtl Bose   KavBrig Commisaire général
    GrenBtl Schmidt   Nicolaï Drag
    GrenBtl Knoblauch   Volontaires de Flandre
    GrenBtl Wolff
    GrenBtl Balcke
    GrenBtl Massenbach
    2 Esc Leib Drag
    2 Esc Hus

18. Aug. Gefecht bei Höxter
GenLt Lord Gramby
GB: GrenBtl Walsh   F: 9 Btl Gren und Jäger
    GrenBtl Maxwell   (u.a.: InfRgt Royal Deux Ponts)
    1 Btl Highlander Keith   200 Reiter der:
    1 Btl Highlander Campell   Volontaires de St.Victor
    3 Esc Eliot Drag   Nicolaï Drag
                                 Chamborant Hus

18. Aug. Ausfall der Besatzung aus Münster

19. Aug. Kanonade bei Höxter

21. Aug. Scharmützel vor Münster

21. Aug. Überfall bei Hiltrup
BÜ: K J C

22. Aug. Gefecht bei Einbeck
GenMaj Luckner
H: GrenBtl Waldhausen   F: u.a.:
    GrenBtl Rieben   2 Btl Bourbonnais
    GrenBtl Robertson
    1 Btl Röden
    2 Esc Veltheim
    2 Esc Jüngermann
    4 Esc Luckner Hus ↘

3. QUARTAL 1761 - 119 -

(noch 22. Aug. Gefecht bei Einbeck)
HE: GarnBtl Schenk(?) [53]

23. Aug.   **Vorpostengefecht bei Hiltrup**
BÜ: Karabiniers

23. Aug.   **Scharmützel bei Neuenhaus (Nähe Hamm)**
HE: Jäger   F: Volontaires de Dauphiné

23. Aug.   **Überfall in Nordhausen**
Oberst Gschray   Oberst Grandmaison
PN: Freicorps Gschray   F: 600 Volontaires d'Hainault

24. Aug.   **Gefecht bei Hiltrup**
BÜ: K J C
H: Gren
X: 400 Mann Infanterie
    Reiter der Besatzung aus Münster

25. Aug.   **Einnahme von Schloß Trendelburg**
                                    Besatzung:
Maj Bauer   Kpt Dürrenberg
X: Truppen   F: 70 Mann der Rgt'er:
                                                       Champagne und Limoges

26./27. Aug.   **Überfall auf den französischen Artilleriepark bei Göttingen**
H: 300 Jäger zu Fuß
    Sth S C
    4 Esc Luckner Hus

28. Aug.   **Vorpostenscharmützel bei Roxel**
BÜ: K J C

28. Aug.   **Kanonade bei Münster**

29. Aug.   **Gefecht bei Hohenkirchen**
(Erbprinz)   (Stainville)
X: Truppen   X: Truppen

30. Aug. Erstürmung von Dorsten
Oberst Huth   Besatzung:
H: 4 Esc Busch Drag   F: 1 Btl Vierzet
    Sht C   1 Brig Ingenieuroffiziere
HE: GrenBtl Schmidt   19 Mann Infanterie
    GrenBtl Balcke   16 Mineure
    GrenBtl Knoblauch   43 Zimmerleute
:   79 Bäcker ↘

(noch 30. Aug. Erstürmung von Dorsten)

HE: Artillerie
    2 12-pfünder   F: 75 Offiziersbediente
    2 6-pfünder
    4 Haubitzen

30. Aug.   **Ausfall der Besatzung aus Münster**

30. Aug.   **Gefecht bei Albachten**
 Gen Kielmannsegge
BÜ: K J C   F: Gren und Jäger der Rgt'er:
H: 1 Btl Meding   Briqueville
     1 Btl Scheither   La Couronne
     1 Btl Wense   Bouillon
     1 Btl Block   Volontaires de Soubise
HE: 2 Btl Prinz Carl   Volontaires d'armeé
X: 400 Mann Kavallerie   de Chapt Drag
                                         Brig Roquepin(?)
                                         (Rgt Boisgelin ?)

31. Aug.   **Scharmützel bei Grebenstein**
GB: GrenBtl Walsh
     GrenBtl Maxwell
     1 Btl Highlander Keith
     1 Btl Highlander Campell
     2 Esc Grey Horses
     2 Esc Ancram
     2 Esc Moystin
     3 Esc Eliot Drag
PN: Hus

01. Sept.   **Gefechte bei Gandersheim und Seesen**
 GenMaj Luckner   Prinz Xaver
H: GrenBtl Waldhausen   F: Infanterie
     GrenBtl Rieben   Kavallerie
     GrenBtl Robertson   SA: Vortruppen
     1 Btl Röden
     2 Esc Veltheim
     2 Esc Jüngermann
     4 Esc Luckner Hus

01. Sept.   **Gefechte bei Osterode und Herzberg**
                                      Gen Belsunce
 Oberst Freytag   Oberst Grandmaison
BS: Jäger   F: 8 Btl Infanterie
H: Jäger   (u.a.: Nassau; Vaubecourt)
     Sth S C   Volontaires d'Hainault
                                      1 Abt Volontaires d'Austrasie ↘

3. QUARTAL 1761

(noch 01. Sept. Gefechte bei Osterode und Herzberg)

F:	400 kommandierte Kürassiere
	Le Roi Drag
	La Ferronay Drag

01. Sept.   **Gefecht bei Neuehaus**

200 Mann der: X: 300 Reiter
  BS: Hus
  PN: Bauer Hus

02. Sept.   **Gefechte bei Gottsbühren und Gieselwerder**

Maj Friedrichs
Maj Bülow

H: 2 Brig Jäger   F: 2 Btl Nassau
                                    2 Btl Royal Deux Ponts
                                    4 Btl „National"-Franzosen [54]
                                    Volontaires de St.Victor
                                    2 Esc Nassau
                                    D'Apchon Drag
                                    Schomberg Drag

02. Sept.   **Fall der Sababurg**

Lt Hermann
H: 40 Jäger   F: Clare
                                    Talaru
                                    Navarra

02. Sept.   **Gefecht bei Goslar**

03. Sept.   **Gefecht bei Dorsten**

                                    Vogué
H: Sht C   F: InfBrig La Marck
                                    Volontaires de Dauphiné
                                    Maison du Roi
                                    Flamarens Drag
                                    de Chapt Drag

04. Sept.   **Gefecht bei Schloß Altenhof**

05. Sept.   **Überfall bei Wickensen**

OberstLt Riedesel   Gen Chabo
BS: Hus   F: 8 Btl Infanterie
PN: Bauer Hus   10 Esc Kavallerie
                                    6 Esc Hus

10. Sept.   **Der Vorposten bei Werne wird überfallen**

H: Legion britannique   F: Volontaires de Soubise
        Appelbohm

(noch 10. Sept. Der Vorposten bei Werne wird überfallen)
HE: 50 Hus
X: 1 Piquet von 50 Dragonern

11. Sept.   Scharmützel bei Seesen
 Korps Luckner   Truppen des Gen Chabo
 X: 1 Offiziersposten   X: Avantgarde

11. Sept.   Vorpostengefecht bei Holzhausen
 OberstLt Riedesel   Truppen des Gen Chabo
 BS: Hus   X: Avantgarde
 H: Legion britannique Pentz
 PN: Bauer Hus
 X: Kavallerie

13. Sept.   Gefecht bei Neuehaus
 GenMaj Mansberg   Gen Graf Caraman
 BS: 2 Btl Mansberg   F: 3 Btl Grenadiers et chasseurs
 H: 1 Btl Reden   der InfBrig Castellas
     1 Btl Wangenheim   Volontaires d'Austrasie
     4 Esc Veltheim Drag   Kavallerie

13. Sept.   Vorpostengefecht bei Hamm
 Korps Oheim   Duc de Fronsac
 X: Vorposten   F: 3 4000 Mann ??

15. Sept.   Überfall bei Stadt-Oldendorf
 H: Jäger

17. Sept.   Gefecht bei Osterwick
 Oberst Bohlen   Maj Orb
 PN: Freibataillon Heer   F: Nassau Hus
 X: Truppen

**18. Sept.   Avantgardegefechte bei Wilhelmstal,
                   Immenhausen und im Rheinhardswald**
 Avantgarden und Artillerie   Vorposten der Armee Stainville
 des Korps Erbprinz, der Haupt-
 armee sowie der Korps Wut-
 genau und Hardenberg

19. Sept.   Gefecht bei Hoof (Nähe Kassel)
 OberstLt Jeanneret
 PN: 3 Esc Ruesch Hus   X: (80 Mehl- und Fouragewagen)
     2 Esc Malachowsky Hus

3. QUARTAL 1761

21. Sept.   **Vorpostenscharmützel bei Havisbeck**
BÜ: K J C
H: Legion britannique

21. Sept.   **Gefecht bei Fritzlar**
PN: Hus

22. Sept.   **Gefecht bei Werden**
                        Oberst de Valière
                  F: Legion royale

22. Sept.   **Gefecht bei Boffzen/Weser**
Korps Wangenheim   Oberst de Larre
X: Truppen   F: 150 Volontaires d'Austrasie
                                250 Beauffremont Drag

22. Sept.   **Gefecht auf dem "Winterkasten"**
              (Herkules bei Kassel)
                        Oberst Verteuil
GB: 120 Highlander   F: 400 Mann Champagne

24. Sept.   **Übergabe von Emden**
Kpt Marschall
GB: 260 Mann 82nd Regiment   F: 5 — 6000 Mann Legion Conflans

24. Sept.   **Bombardierung von Wolffenbüttel**

25. Sept.   **Fall des Schlosses Scharzfels**
Kpt v. Issendorf [55]   Marquis Vaubecourt
BS: 2 Komp Garn-Truppen   F: 1500 Mann der Regimenter
     Jäger   Limousin
                                  Vaubecourt
                                Volontaires de St.Victor
                                Feuerwerker

27. Sept.   **Vorpostengefechte bei Boffzen und Werden**
X: Vorposten vom Korps Wangenheim

27. Sept.   **Gefechte bei Bomte**
Lt Schmidt
H: Sht C   F: 50 Du Roi Drag
                                Volontaires de Clermont

30. Sept. — 03. Okt. Belagerung von Meppen
Besatzung: Belagerungskorps:
Maj Udam   Prinz Condé
H: Legion britannique Udam   F: InfBrig Orléans
X: 1 Abt Invaliden   InfBrig Condé ↘

(noch 30. Sept. — 03. Okt. Belagerung von Meppen)

X: Artillerie F: 1 Btl Gren und Jäger:
 Gardes françaises
 Gardes suisses
 260 Mann Legion Conflans
 300 Drag
 Artillerie:
 Brigade Saint-Auban(1./-)
 Brigade La Pelleterie (3./-)

4. Quartal 1761

02./03. Okt.   Bremen wird angegriffen

Besatzung:
Oberst Ruvigny de Cosne
GB: 1 Btl Invaliden Parker
    Genesende
H: Legion britannique Pentz

Oberst Wurmser
Oberst Comeyras
F: Volontaires de Soubise
    Volontaires de Clermont

03. Okt.   Überfall bei Korbach

Maj v. Baczko
H: Truppen
PN: 3 Esc Ruesch Hus

03. Okt.   Kapitulation von Meppen

05. Okt.   Gefechte bei Haarbrück

Rittmeister v. Hattorf
BS: Hus
H: 2 Komp Jäger

08. Okt.   Gefecht bei Wickensen

BS: Hus

08. – 11. Okt.   Belagerung von Wolffenbüttel

Besatzung: [56]
Oberst v. Thunderfeldt
BS: GarnRgt Hadel
    Invaliden des Artilleriedepots

Belagerungskorps:
Prinz Xaver
F: InfBrig Auvergne
    InfBrig Lyonaise [57]
    14 Esc Kavallerie
    Artillerie:
      4 8-pfünder
      12 12-pfünder
      2 12-pfünder Mörser
      6 Haubitzen
SA: 1 Btl Gren
    1 Btl Garde zu Fuß
    1 Btl Rochow
    1 Btl Graf Brühl
    1 Btl Prinz Clemens
    2 Btl Prinz Friedrich August
    2 Btl Prinz Xaver
    1 Btl Prinz Carl
    1 Btl Prinz Anton
    2 Btl Kurprinzessin
    1 Btl Prinz Josef
    1 Btl Prinz Gotha
    Artillerie

08. Okt. — Gefecht bei Borgholz

Maj Friedrichs
Maj Bülow
H: 2 Brig Jäger

F: Gen Meaupeau
  Legion royale
  Volontaires de Verteuil
  250 Beauffremont Drag
  300 Reiter der Brig Bourgogne

09. Okt. — Gefecht bei Stadt-Oldendorf

GenMaj Luckner
BS: Jäger
  Hus
H: Jäger
  Sth S C
  2 Esc Veltheim
  2 Esc Jüngermann
  4 Esc Luckner Hus
HE: 4 Esc Prinz Friedrich Drag

F: Gen Graf Caraman
  Gren und Jäger der InfBrig:
    Navarra
    Boccard
  Kavallerie:
    Karabiniers
    Dauphin-Étrangers
    Chabrillant
    Lautrec
    Fumel
    Orléans Drag
    Languedoc Drag
    Caraman Hus

11. Okt. — Fall von Wolffenbüttel

12. Okt. — Scharmützel bei Lüdinghausen

80 Mann der:
  BÜ: Karabiniers
  H: Bock Drag

12. — 14. Okt. — Belagerung von Braunschweig

Besatzung:
GenLt Imhoff
BS: Leib-Grenadier-Corps
  1 Btl FüselierBtl Völschen
  LandRgt Bohlen
  4 Komp Jäger
  1 Komp Garde du Corps
  Hus
  Festungsartillerie

Belagerungskorps
Prinz Xaver
F: InfBrig Auvergne
  InfBrig Lyonaise
  14 Esc Kavallerie
  Artillerie:
    4 8-pfünder
    12 12-pfünder
    6 Haubitzen
    2 -12-pfünder Mörser
SA: 1 Btl Gren
  1 Btl Garde zu Fuß
  1 Btl Rochow
  1 Btl Graf Brühl
  1 Btl Prinz Clemens
  2 Btl Prinz Friedrich August
  2 Btl Prinz Xaver ↘

4. QUARTAL 1761 - 127 -

(noch 12. — 14. Okt. Belagerung von Braunschweig)

                                    SA: 1 Btl Prinz Carl
                                                    1 Btl Prinz Anton
                                                    2 Btl Kurprinzessin
                                                    1 Btl Prinz Josef
                                                    1 Btl Prinz Gotha
                                                    Artillerie

13. Okt.   **Gefecht bei Oelper**

GenMaj Prinz Friedrich v. Braunschweig
GenMaj Luckner   Oberst Marquis de Vastan

BS: 2 Btl Prinz Friedrich   F: 500 Mann Vastan
      Jäger   300 Mann Kavallerie
H: GrenBtl Rieben   1 Geschütz
      GrenBtl Kaufmann
      GrenBtl Waldhausen [58]
      2 Esc Jüngermann
      2 Esc Veltheim
      4 Esc Luckner Hus
HE: 4 Esc Prinz Friedrich Drag

25. Okt.   **Scharmützel bei Lünen**

HE: Jäger   F: 1 Abt Drag
     Hus

30. Okt.   **Erstürmung von Dorsten**

(u.a.HE: 2 Komp Gren v. Rgt Mansbach)

04. Nov.   **Scharmützel bei Cappelenhagen**

OberstLt Riedesel
BS: Hus
GB: Jäger v. d. Armee Frazer
PN: Hus

05. Nov.   **Überfall von Polle**

Maj Friedrichs
H: 2 Brig Jäger (1.u.3./-)

05. Nov.   **Scharmützel bei Bevern**

H: 100 Jäger zu Fuß
     50 Jäger zu Pferd

05. Nov.   **Gefecht bei Hahausen**

H: 1 Brig Jäger (2./-)   Korps Stainville
     Sth S C   X: Avantgarde
     3 Esc Luckner Hus

4. Quartal 1761

05. Nov.   Scharmützel auf der Einbecker Hube
PN: Hus

07. Nov.   Vorpostengefecht bei Meinholz
OberstLt Riedesel   GenLt de Poyanne
BS: Hus   F: 3000 Gren und Jäger
GB: GrenBtl Maxwell(?)   Kavallerie [59]
     Jäger v. d. Armee Frazer   500 Karabiniers
PN: Bauer Hus   Artillerie:
                                         8 4-und 6-pfünder

07. Nov.   Gefecht bei Ammensen
Lord Gramby   D'Espies
BS: GrenBtl Koppelow   F: 3000 Gren
     GrenBtl Imhoff   1200 Reiter
     GrenBtl Warnstädt
GB: GrenBtl Maxwell(?)
     GrenBtl Walsh
     1 Btl Highlander Keith
     1 Btl Highlander Campell
     2 Esc Grey Horses
     2 Esc Ancram
     2 Esc Moystin

08. Nov.   Recogniscierungsgefecht zwischen Stadt-Oldendorf und Dassel
Maj Bauer
HE: 2 Btl 2.Garde   F: 4 Btl Bourbonnais
     2 Btl 3.Garde
     4 Esc Kavallerie oder Hus

09. Nov.   Gefecht bei Wangelstädt
Lord Gramby
BS: GrenBtl Koppelow
     GrenBtl Imhoff
     GrenBtl Warnstädt
     5 Esc Hus
GB: GrenBtl Maxwell
     GrenBtl Walsh
     1 Btl Highlander Keith
     1 Btl Highlander Campell
     Jäger v. d. Armee Frazer
     2 Esc Grey Horses
     2 Esc Ancram
     2 Esc Moystin
PN: 4 Esc Hus

4. QUARTAL 1761

09. Nov.   **Überfall auf Frankenberg** [60]
Lt Prüschenk
HE: Hus   X: Vorposten der Abt. Meaupeau

09. Nov.   **Scharmützel bei Clausthal**

13. Nov.   **Gefechte zwischen Dorste und Katlenburg**
Oberst Veltheim   Gen Clausen
H: Jäger zu Pferd   F: Infanterie:
     Hus   (Legion royale?)
X: Freiwillige Kavallerie   Volontaires de St.Victor?)
     aus der Avantgarde   Drag-Brig Le Roi
     des Korps Erbprinz   Drag-Brig La Ferronay

14./15. Nov.   **Überfall von Sulbeck**

19. Nov.   **Gefecht bei Katlenburg**
GenMaj Luckner
X: Truppen

# Das Jahr 1762

1./2. Quartal 1762

27. Jan.   Vorpostengefecht bei Nord-Bordun (Nähe Paderborn)
BS: Jäger

Ende Jan.   Überfall von Salzderhelden
                           Marquis Lostagne
X: 50 Mann   F: Infanterie und Kavallerie der Besatzung von Göttingen

06. Feb.   Gefecht bei Heiligenstädt

20. März   Überfall auf die Vorposten bei Gittefeld und Kahlefeld
                           Marquis Lostagne
BS: Jäger   F: 3000 Mann der Besatzung
HE: Prinz Friedrich Drag   von Göttingen

20. März   Vorpostengefecht bei Mooringen
BS: LandRgt

05. Apr.   Überfall von Herzberg
 Maj Wintzigerode
500 Mann der:
     BS: Jäger zu Pferd   F: 50 Berchiny Hus
     H: Luckner Hus

??. Apr.   Gefecht bei Duderstadt

07. Apr.   Gefecht bei Göttingen
 GenLt Luckner
500 Mann der:
     BS: Jäger zu Pferd
     H: Luckner Hus
X: 1100 Reiter

10. Apr.   Einnahme von Dransfeld
 OberstLt Riedesel
BS: Hus

19. Apr.   Einnahme von Schloß Arnsberg
 Gen d.Inf Erbprinz
 GenLt Oheimb
 GenLt Bock   Besatzung:
 GenMaj Bartheld   Capitain Muret
BÜ: K J C   F: 250 Mann der Rgt'er
H: 1 Btl Otto   Orléans ↘

1./2. QUARTAL 1762 - 133 -

(noch 19. Apr. Einnahme von Schloß Arnsberg)
- H: Legion britannique Porbeck   F: Alsace
  Jäger   Royal Suédois
  4 Esc Bock Drag
  1 Esc Sht C
- HE: GrenBtl Biesenroth
  GrenBtl Schmidt
  GrenBtl Bose
  GrenBtl Knoblauch
  GrenBtl Loßberg
  GrenBtl Gosen
  2 Btl Bartheld
  4 Esc Leib Drag
- PN: 1 Btl Volontaires de prusse
  3 Esc Ruesch Hus
  2 Esc Malachowsky Hus
- X: Artillerie:
  4 Mortiers
  3 Haubitzen
  6 12-pfünder
  6 6-pfünder
  1 3-pfünder

19. Apr.   Gefecht bei Iserlohn

PN: 3 Esc Ruesch Hus
    2 Esc Malachowsky Hus

06. Mai   Überfälle bei Bleichrodt und Nordhausen

Maj Wintzigerode
HE: Jäger

07. Mai   Gefecht bei Elberfeld

GenLt Erbprinz
Gen v. Hanstein
Oberst Müller
- H: Legion britannique Udam   F: Dragon chasseurs de Conflans
  Legion britannique Porbeck   Abteilungen der Rgt'er :
  Legion britannique Stock-   Boisgelin (Inf)
     hausen(?)   Condé (Inf)
- HE: 2 Btl Erbprinz   Berry (Kav)
  2 Btl Leibregiment   "Komp Guide"
  4 Esc Leib Drag
- PN: 2 Esc Hus
  (Ruesch- und Malachowsky)
- Y: 200 Reiter von/der:
  BÜ: K J C
  H: Legion britannique

08. Mai — Vorpostengefecht bei Elberfeld

GenLt Marquis de Conflans

X: Vorposten ausTruppen wie 07.Mai; Gefecht bei Elberfeld

F: 1 Btl Gren Boisgelin
1 Btl Jäger Boisgelin
Dragon chasseurs de Conflans

21. Mai — Überfall auf Wolfhagen

PN: Bauer Hus

F: 70 Chamborant Hus

23. Mai — Überfall auf eine französische Fourageabteilung (Nähe Göttingen)

OberstLt Riedesel
BS: Hus
HE: Jäger

Brigadier Oberst de Larre
F: 400 — 500 Reiter der:
Volontaires de St.Victor
Volontaires de Flandre
Drag

23./24. Mai — Gefecht bei Göttingen

GenLt Luckner
H: 2 Esc Waldhausen Drag
HE: 2 Esc Hus

F: Teile der Besatzung aus Göttingen

26. Mai — Scharmützel bei Bochum

Oberst Kühlwein
PN: Hus
X: 300 Mann Inf und Kav

29./30. Mai — Versuchter Überfall auf die Sababurg

Maj Wintzigerode
HE: Jäger zu Fuß und zu Pferd [61]

02.-03. Juni — Gewaltsame Recogniscierung entlang der Weser und Fulda

BS: Hus
H: 2 Btl Gren
Jäger
X: 2 Esc Drag

F: Volontaires de St.Victor
Volontaires de Monet
Volontaires de Soubise
Volontaires de Nassau

20. Juni — Gefecht bei Gottsbühren

HE: Jäger

20. Juni — Scharmützel in der Nähe der Sababurg

OberstLt Riedesel
BS: Hus
HE: Jäger

F: Jäger

21. Juni — Scharmützel bei Geismar und Immenhausen

H: Jäger

1./2. QUARTAL 1762 - 135 -

21. Juni   Gefecht bei Recklinghausen
H: Bock Drag   F: Dragon chasseurs de Conflans
X: Hus   4 Esc Flamarens Drag

21. Juni   Gefecht bei Schermbeck
H: Sht C   F: Volontaires de Clermont
                                   Flamarens Drag [62]

21. Juni   Scharmützel in der Nähe der Sababurg
OberstLt Riedesel
BS: Jäger   F: Jäger
    Hus
HE: Jäger

21. Juni   Einnahme der Sababurg
Lord Cavendish
BÜ: ½ Btl Bückeburg
BS: Jäger v. d. Armee Hartwig
GB: Jäger v. d. Armee Frazer
H: Jäger v. d. Armee Quernheim
    2 Esc Hodenberg
    2 Esc Behr
HE: Jäger v. d. Armee Rall
X: Artillerie:
    4 12-pfünder
    8 Haubitzen

24. Juni   Schlacht bei Wilhelmstal
                              Marschall d'Estrées
Herzog Ferdinand   Marschall Prince de Soubise
BÜ: 1 Btl Bückeburg   F: InfBrig Lyonaise
    Artillerie: InfBrig Alsace
    12 6-pfünder   InfBrig Waldner [63]
BS: GrenBtl Warnstedt   4 Btl Grenadiers de France
    GrenBtl Imhoff   4 Btl Grenadiers royaux:
    GrenBtl Appelbohm   Camus
    2 Btl Leibregiment   Narbonne
    2 Btl Imhoff   l'Espinasse
    2 Btl Prinz Friedrich   La Roche-Lambert
    2 Btl Mansberg   4 Btl Picardie
    Jäger v. d. Armee Hartwig   4 Btl Navarre
    Jäger   4 Btl Champagne
GB: 1 Btl Garde-Gren   4 Btl Auvergne
    1 Btl 1.Garde   2 Btl Castellas
    1 Btl 2.Garde   2 Btl Salis
    1 Btl 3.Garde   2 Btl Poitou
    GrenBtl Maxwell   2 Btl Aquitaine
    GrenBtl Walsh   2 Btl Bourbonnais ↘

(noch 24.Juni Schlacht bei Wilhelmstal)

GB: 1 Btl Highlander Keith
    1 Btl Highlander Campell
    1 Btl Bockland (1.Rgt)
    1 Btl Hodgeson (5.Rgt)
    1 Btl Barrington (8.Rgt)
    1 Btl Napier (12.Rgt)
    1 Btl Kingsley (20.Rgt)
    1 Btl Füselier (23.Rgt)
    1 Btl Cornwallis (24.Rgt)
    1 Btl Erskin (25.Rgt)
    1 Btl Griffin (33.Rgt)
    1 Btl Stuart (37.Rgt)
    1 Btl Carr (50.Rgt)
    1 Btl Brudenel (54.Rgt)
    Jäger v. d. Armee Frazer
    3 Esc Royal Horse Guards
            (The Blues)
    3 Esc Bland
    2 Esc Howard
    2 Esc Waldgrave
    2 Esc Honiwood
    2 Esc Carabiniers
    2 Esc Conway
    2 Esc Mordaunt
    2 Esc Inniskilling
    2 Esc Grey Horses
    2 Esc Anvon
    2 Esc Moystin
    3 Esc Eliot
    Artillerie:
       12 6-pfünder
       12 6-pfünder Haubitzen
       12 12-pfünder Haubitzen
       8 40-pfünder Haubitzen
H: GrenBtl Kaufmann
    GrenBtl Beck
    GrenBtl Schlepegrell
    GrenBtl Greven
    GrenBtl Schlemm
    GrenBtl Mutio
    2 Btl Garde
    1 Btl Goldacker
    1 Btl Sachsen-Gotha
    1 Btl Plessen
    1 Btl Scheele
    1 Btl La Motte
    1 Btl de la Chevallerie ↘

F: Chasseurs de Monet
    KavBrig Karabiniers
    KavBrig Curassiers
    4 Esc Royal Picardie
    4 Esc Dauphiné
    4 Esc Orléans
    2 Esc Fitz-James
    4 Esc Nicolaï Drag
    4 Esc Choiseul Drag
    6 Esc Chamborant Hus
    2 Esc Volontaires de Nassau
    Volontaires de Soubise
    Volontaires d'armée

RN-Pfalz [64]
    1 Btl Birkenfeld
    1 Btl Preysing
    1 Btl Osten
    1 Btl Baden

1./2. Quartal 1762 — 137 —

(noch 24.Juni Schlacht bei Wilhelmstal)
H: 1 Btl Rhöden
   1 Btl Zastrow
   1 Btl Hardenberg
   1 Btl Ahlefeld
   1 Btl Rheden
   1 Btl Wangenheim
   1 Btl Jäger v. d. Armee Quernheim
   1 Esc Garde du Corps
   1 Esc Grenadiers à Cheval
   2 Esc Behr
   2 Esc Hodenberg
   2 Esc Leibregiment
   2 Esc Estorff
   2 Esc Alt-Bremer
   2 Esc Sprengel
   2 Esc Veltheim
   4 Esc Veltheim Drag
   4 Esc Luckner Hus
   Jäger zu Pferd v. Freytags J C
   Artillerie:
     12 6-pfünder
     12 6-pfünder Haubitzen
     12 12-pfünder Haubitzen
     8 30-pfünder
HE: 1 Btl 2.Garde
    1 Btl 3.Garde
    2 Btl Mansbach
    2 Btl Malsburg
    2 Btl Gilsa
    2 Btl Bischhausen
    2 Btl Anhalt
    2 Btl Wutgenau
    1 Btl Jäger v. d. Armee Rall
    Jäger
    2 Esc Einsiedel
    2 Esc Erbprinz
    4 Esc Prinz Friedrich Drag
PN: 5 Esc Bauer Hus

25. Juni   Aufhebung eines „fliegenden" Lazaretts der Franzosen
 Maj Speth
BS: Jäger zu Pferd   SA: Truppen
HE: Jäger zu Pferd
X: 1 Abt Hus

25. Juni   Recogniscierungsgefecht bei Recklinghausen

GenLt Erbprinz

400 Reiter der Rgt'er:
- BÜ: Karabiniers   F: Legion Conflans
- BS: Karabiniers
- H: Jung Bremer
        Bock
- HE: Wolff
        Gens d'Armes

26. Juni   Gefecht bei Buldern(?)

H: 2 Btl Legion britannique   X: (Condés linke Avantgarde)

28. Juni   Scharmützel bei Fritzlar

H: Jäger   F: 14 Hus

29. Juni   Erstürmung des Schlosses Felsberg

Lord Cavendish
OberstLt Riedesel   Besatzung:
- BS: Jäger v. d. Armee Hartwig   F: 10 Offz und 40 Mann
        Hus   v. Rgt Alsace
- GB: Jäger v. d. Armee Frazer
- H: Jäger v. d. Armee Quernheim
- HE: Jäger v. d. Armee Rall
- HE: Jäger zu Fuß
- PN: Bauer Hus
- Y: 5 Esc Jäger zu Pferd(BS u.HE)
- X: Artillerie:
        4 6-pfünder
        4 Haubitzen

30. Juni   Überfall auf Ober-Melsungen

OberstLt Riedesel
- BS: Hus
- PN: Bauer Hus

Ende des Monats   Amöneburg wird überfallen

- BS: GrenBtl Warnstedt
        GrenBtl Imhoff
        GrenBtl Appelbohm
        Jäger v. d. Armee Hartwig

3./4. Quartal 1762 - 139 -

3./4. Quartal 1762

01. Juli   **Gefecht bei Homberg**

Lord Gramby
Lord Cavendish
OberstLt Riedesel   Gen Graf Rochambeau

BS: Jäger v. d. Armee Hartwig   F: InfBrig Bourbonnais
     Hus   4 Esc du Roi Drag
GB: GrenBtl Walsh   4 Esc La Ferronay Drag
     GrenBtl Maxwell   4 Esc Orléans Drag
     1 Btl Highlander Keith   Chamborant Hus
     1 Btl Highlander Campell   Bercheny Hus
     Jäger v. d. Armee Frazer
     3 Esc Blue Guard
     3 Esc Eliot Drag
H: Jäger v. d. Armee Quernheim
     2 Brig Jäger
     2 Esc Veltheim
     2 Esc Sprengel
HE: Jäger v. d. Armee Rall
     Jäger zu Fuß
PN: Bauer Hus

03. Juli   **Überfall bei Wolfsanger**

Maj v. Giarmaty
H: 200 Luckner Hus   F: Chasseurs de Monet
X: 100 Gren

04. Juli   **Gefecht bei Burgsteinfurth**

                                        Gen Melfort
Maj Scheither   Oberst Viomesnil
H: 200 Gren und   F: 2 Btl Bouillon
      200 Reiter v. Sht C   Grenadiers royaux
                                        Volontaires de Dauphiné
                                        4 Esc Chapt Drag
                                        2 Piquets KavRgt Chartres

10. Juli   **Scharmützel bei Goßfeld**

OberstLt Riedesel
BS: Hus   F: 1 Abt.
PN: Bauer Hus   (u.a. Brigadier Normann)

10. Juli   **Gefecht bei Uslar**

Oberst Schlieffen   Gen de Vaux [65]
BS: Jäger   F: Volontaires de Flandre
      Volontaires auxiliaires   Volontaires d'Hainault
H: GrenBtl Kaufmann   Volontaires d'Austrasie ↘

(noch 10. Juli Gefecht bei Uslar)

H: GrenBtl Beck
    1 Esc Waldhausen Drag
    1 Esc Veltheim Drag
    2 Esc Luckner Hus
HE: Hus

F: 4 Rgt'er Franzosen
    2 Rgt'er Schweizer
    2 Rgt'er Drag (1 Rgt Caraman?)
    300 Carabiniers

10. Juli   **Besetzung von Schloß Schönflöth**
BÜ: K J C

10. Juli   **Einnahme von Schloß Waldeck**

Besatzung:
Mr de Loys (Kommandant)
GenLt Conway   Mr de Laine (Major)
BS: GrenBtl Warnstedt   F: 100 Mann Waldner
    GrenBtl Imhoff   45 Choiseul Drag
    GrenBtl Appelbohm
GB: 3 Esc Bland Drag
X: Artillerie: Hospital:
    4 6-pfünder   1 Aide major chirugien
    8 Haubitzen   1 Aide chirugien
    2 Petarden   1 Infirmier (Pfleger)
                        1 Cuisinier (Koch)
                        7 Kranke/Verwundete

                        - Vivres: (Verpflegung)
                        1 Commis de Vivre
                        1 Aide
                        4 Boulanger (Bäcker)

                        - Artillerie:
                        1 Sergeant
                        6 Kanoniere
                           3 6-pfünder
                           1 2-pfünder

13. Juli   **Vorpostengefechte bei Bonafort und Speele**
 Oberst Schlieffen
X: Truppen [66]

13. Juli   **Scharmützel bei Lutterberg**
X: 100 Hus   SA: Vorposten

14. Juli   **Gefecht an der Ederbrücke von Gensungen**
H: 2 Brig Jäger v. Freytags J C

14. Juli   **Gefecht bei Brunslar**
BS: 1 Btl Jäger (Maj Speth)
X: 1 Btl Jäger (Maj Dachenhausen)

3./4. Quartal 1762 - 141 -

14. Juli   **Einnahme des Heiligenberges**

15. Juli   **Scharmützel bei Oedelsheim**
Oberst Schlieffen
X: 1 Abt seiner Truppen [67]

23. Juli   **Treffen bei Lutterberg**
GenLt Gilsa
GenLt v. Zastrow
GenMaj v. Waldhausen
Oberst Schlieffen   Prinz Xaver

H: GrenBtl Kaufmann   F: 4 Btl Picardie
     GrenBtl Beck   2 Btl Touraine
     GrenBtl Schlepegrell   2 Btl Provence
     GrenBtl Greven   2 Btl Lyonaise
     GrenBtl Schlemm   2 Btl Bretagne
     GrenBtl Mutio   1 Btl Tournaisis
     1 Btl Mecklenburg-Strelitz   4 Btl Alsace [68]
     1 Btl Linsingen   3 Btl Milizen und Artillerie
     1 Btl Goldacker   5 Btl Brigade de l'état major
     1 Btl Sachsen-Gotha   Volontaires de Flandre
     1 Btl Plessen   Volontaires d'Hainault
     1 Btl Scheele   4 Esc Royal Picardie
     2 Esc Hodenberg   4 Esc Royal Roussillon
     2 Esc Behr   4 Esc Orléans Drag
     4 Esc Waldhausen Drag   SA: LeibgrenadierBtl
     4 Esc Bock Drag   1.GrenBtl
     4 Esc Veltheim Drag   2.GrenBtl
     2 Esc Luckner Hus   1 Btl Prinz Carl
HE: 2 Btl Leibgarde   1 Btl Prinz Josef
     2 Btl Bischhausen   1 Btl Prinz Anton
     2 Btl Prinz Anhalt   1 Btl Prinz Friedrich
     2 Btl Wutgenau   1 Btl Prinz Xaver
     4 Esc Hus   1 Btl Prinz Clemens
X: Artillerie   1 Btl Kurprinzessin
     3 6-pfünder   1 Btl Prinz Clemens
     3 12-pfünder   1 Btl Prinz Maximilian
     4 30-pfünder   1 Btl Prinz Gotha
                                    1 Btl Graf Brühl
                                    2 Esc Leibwache zu Pferd

23. Juli   **Angriff auf den Kratzenberg**
GenLt Prinz Friedrich
H: 2 Btl Garde
     1 Btl Hardenberg
     1 Esc Garde du Corps
     1 Esc Grenadiers à Cheval
     2 Esc Leibregiment ⇘

(noch 23. Juli Angriff auf den Kratzenberg)
H: 2 Esc Luckner Hus
HE: 2 Btl Malsburg
    2 Btl Gilsa

23. Juli   Sturm auf Hirschfeld
GenLt Luckner
BS: GrenBtl Warnstedt
    GrenBtl Imhoff
    GrenBtl Appelbohm
    Jäger v. d. Armee Hartwig
GB: Jäger v. d. Armee Frazer
    3 Esc Eliot Drag
H: Jäger v. d. Armee Quernheim
   Luckner Hus

23./24. Juli   Gefecht bei Homberg/Eder
H: Jäger zu Fuß

25. Juli   Überfall bei Melsungen
H: Jäger zu Fuß

26. Juli   Scharmützel bei Hirschfeld und Fulda
GenLt Luckner
X: Truppen

26. Juli   Gefecht bei Neumorschen/Fulda
H: 2 Brig Jäger   F: Du-Roi Drag
                                                    Choiseul Drag
                                                    La Ferronay Drag
                                                    Nicolaï Drag
                                                    Schomberg Drag
                                                    6 Esc Chamborant Hus

27. Juli   Besetzung von Fulda
GenLt Luckner   Kpt Raquevalle
BS: GrenBtl Warnstedt   F: Truppen
    GrenBtl Imhoff
    GrenBtl Appelbohm
    Jäger v. d. Armee Hartwig
GB: Jäger v. d. Armee Frazer
H: Jäger v. d. Armee Quernheim
HE: Jäger v. d. Armee Rall
PN: Bauer Hus
X: Truppen

3./4. QUARTAL 1762   - 143 -

28. Juli   **Besetzung von Schloß Friedewald**
Lt Steigleder
H: 50 Jäger zu Fuß
      10 Jäger zu Pferd

30. Juli   **Gefecht bei Höxter(?)**
HE: Hus

01. Aug.   **Sturm auf Schloß Hohenlimburg**
Hptm Zandré
200 Mann aus :   Besatzung:
   H: GrenKp des Btl's Udam   X: 350 Mann
       der Legion britannique
X: Kommandierte der Besatzung Hamms

02. Aug.   **Gefecht bei Neumorschen**
H: Jäger

02./03. Aug.   **Schloß Bentheim wird angegriffen**
Besatzung:
Lt v. Zerßen   Campefort
BÜ: 41 Jäger   F: 300 Mann:
F: 8 Deserteure   Jäger
                                      Royal Bavière

05. Aug.   **Scharmützel bei Göttingen**
BS: Volontaires auxiliaires

05. Aug.   **Gefecht bei Laasphe**
PN: Hus

07. Aug.   **Schloß Friedewald wird eingenommen**
Besatzung:
Lt Steigleder   GenLt Graf Stainville
H: 50 Jäger zu Fuß   X: 4000 Gren
      10 Jäger zu Pferd   3000 Mann leichte Kavallerie
                                      100 Karabiniers
                                        10 Geschütze

07./08. Aug.   **Besetzung von Battenberg**
                           F: Legion Conflans

08. Aug.   **Gefecht bei Frieda/Werra**
GenLt Prinz Friedrich
BS: 2 Btl Prinz Friedrich   F: u.a. InfRgt'er:
     2 Btl Mansberg   Bourbonnais
     Jäger zu Fuß   Lyonais
     Volontaires auxiliaires   Diesbach ↘

(noch 08. Aug. Gefecht bei Frieda/Werra)

H:	GrenBtl Kaufmann	F: u.a. InfRgt'er:
	GrenBtl Beck	Le Roi
	GrenBtl Greven	Boccard
	GrenBtl Schlemm	
	GrenBtl Mutio	
	GrenBtl Schlepegrell	
	4 Esc Waldhausen Drag	
	2 Esc Luckner Hus	
HE:	4 Esc Prinz Friedrich Drag	
	4 Esc Hus	

08. Aug.   **Gefecht bei Melsungen**

08. Aug.   **Einnahmen von Rothenburg/Fulda**
OberstLt Riedesel
BS: 5 Esc Hus
PN: 5 Esc Bauer Hus
X: 2 Btl Infanterie

09. Aug.   **Kanonade bei Langenstein**

09. Aug.   **Gefecht bei Burggemünden**
OberstLt Jeanneret
PN: Hus

09. Aug.   **Erstürmung des Ulrichstein**
Kpt v. Wurmb   Oberst Wurmser
HE: 50 Jäger   F: InfBrig Orléans
                                                 Volontaires de Wurmser
                                                 KavBrig Berry

09. Aug.   **Scharmützel bei Spangenberg**
GenLt Luckner
GenMaj Freytag
X: Truppen

09. Aug.   **Vorpostengefecht bei Buchenau**
                                                 Marquis Villeroys
GB: 1 Btl Hodgeson   F: 2 Btl Vaubecourt
     1 Piquet von 100 Mann   2 Btl Bretagne

10. Aug.   **Scharmützel bei Neumorschen**
H: Jäger   F: Chamborant Hus

10. Aug.   **Gefecht bei Frankenberg**
Kpt Lange   GenLt Marquis de Conflans
HE: 150 Mann Leibregiment   F: Leichte Truppen Korps Condé

15. Aug.   **Vorpostengefecht bei Neumorschen**
HE: Jäger

15. Aug.   **Gefecht bei Gemünden/Wohra**
  Oberst v. Ditfurth
HE: Leib Drag
    Hus
X: 2 Btl Gren

17. Aug.   **Gefecht bei Battenberg**
  OberstLt Riedesel   GenLt Marquis de Conflans
BS: 5 Esc Hus   F: Legion Conflans
PN: 3 Esc Ruesch Hus
     5 Esc Bauer Hus

17. Aug. — 01. Nov. Blockade/Belagerung von Kassel
                                 Besatzung:
  GenLt Prinz Friedrich [69]   Gen v. Diesbach
BS: Jäger   F: 2 Btl Grenadiers royaux
     3 Esc Volontaires auxiliaires   2 Btl Touraine
H: GrenBtl Kaufmann   2 Btl Provence
     GrenBtl Mutio   2 Btl Courten
     GrenBtl Beck   3 Btl Nassau
     GrenBtl Greven   3 Esc Drag der Rgt'er:
     GrenBtl Schlemm   Dauphin
     GrenBtl Schlepegrell   Orléans
     1 Btl Schulenburg   1 Abt Corps royal d'artillerie
     1 Btl Otto
     1 Btl Behr
     2 Esc Hodenberg
     4 Esc Veltheim Drag
     4 Esc Waldhausen Drag
HE: 2 Btl Gilsa
     2 Btl Malsburg
     4 Esc Hus
X: 2 Esc Drag

18. Aug.   **Besetzung von Göttingen**
H: 2 Btl Gren
HE: 2 Esc Hus

19. Aug.   **Gefecht bei Frankenberg**
  OberstLt Riedesel   GenLt Marquis de Conflans
BS: 5 Esc Hus   X: Truppen
PN: 5 Esc Bauer Hus [70]

19. Aug.		**Gefecht bei Gladenbach**	
OberstLt Riedesel			GenLt Marquis de Conflans
BS: 5 Esc Hus		X:	Truppen
PN: 5 Esc Bauer Hus [71]			

20. Aug.   Konzentrierung des Belagerungskorps vor Kassel

21. Aug.   **Gefecht bei Homberg/Ohm**

21. Aug.   **Gefecht bei Rupperterodt**

GenLt Luckner
H: 4 Esc Luckner Hus   F: Volontaires de Wurmser
Y: 1 Abt Jäger v. d. Armee

22. Aug.   **Treffen bei Grünberg**

Gen d.Inf Erbprinz
GenLt Luckner   GenLt Condé

BS: GrenBtl Appelbohm   F: 4 Btl Gardes françaises
     GrenBtl Warnstedt   2 Btl Gardes suisses
     GrenBtl Imhoff   4 Btl Piemont
     Jäger v. d. Armee Hartwig   4 Btl Limousin
     3 Esc Karabiniers   4 Btl Boisgelin
GB: Jäger v. d. Armee Frazer   4 Btl Briqueville
     3 Esc Eliot Drag   2 Btl Condé
H: 1 Btl Block   2 Btl Puysegur
     1 Btl Kielmannsegge   3 Btl Anhalt
     1 Btl Prinz Carl Mecklenburg   2 Btl Grenadiers royaux:
     1 Btl Estorf   Cambis
     1 Btl Kraushaar   d'Ailly
     1 Btl Meding   Jäger und Gren der
     1 Btl Linsingen   InfBrig Orléans
     Legion britannique Porbeck   Volontaires de Dauphiné
     Legion britannique Kruse   Volontaires de Wurmser
     Legion britannique Pentz   Legion Conflans
     Jäger v. d. Armee Quernheim   8 Esc Gens d'Armes
     2 Esc Jung-Bremer   4 Esc Berry
     2 Esc Alt-Bremer   4 Esc Chartres
     2 Esc Estorf   4 Esc Flamarens Drag
     4 Esc Bock Drag   4 Esc de Chapt Drag
     4 Esc Müller Drag
     4 Esc Luckner Hus
HE: GrenBtl Biesenroth
     GrenBtl Loßberg
     GrenBtl Knoblauch
     GrenBtl Bose
     GrenBtl Gose
     GrenBtl Wurmb ↘

3./4. QUARTAL 1762   - 147 -

(noch 22. Aug. Treffen bei Grünberg)
HE: 2 Btl Prinz Carl
    2 Btl Erbprinz
    2 Esc Leibregiment
    2 Esc Wolff
    2 Esc Gens d'Armes
    4 Esc Leib Drag
    Artillerie:
      Schwere Brigade

22. Aug.   **Gefecht bei Gladenbach**
OberstLt Riedesel   GenLt Marquis de Conflans
BS: 5 Esc Hus   F: Vorposten der Legion Conflans
PN: 3 Esc Ruesch Hus
    5 Esc Bauer Hus

23. Aug.   **Gefecht bei Sieverthausen**
GenLt Zastrow
X: Truppen

24. Aug.   **Scharmützel bei Wettsassen**
GenLt Luckner
H: Jäger v. d. Armee Quernheim
     4 Esc Luckner Hus

24. — 25. Aug.   **Beschießung von Hamm**
OberstLt Diemar   Gen d'Auvet
H: Legion britannique Udam   F: u.a.:
     Legion britannique Bork(?) [72]   Le Dauphin
X: Kommandierte versch. Rgt'er   Volontaires wallon

25. Aug.   **Gefecht bei Grüningen**
Gen d.Inf Erbprinz   GenLt Condé
BS: GrenBtl Appelbohm   F: 4 Btl Gardes françaises
    GrenBtl Warnstedt   2 Btl Gardes suisses
    GrenBtl Imhoff   4 Btl Piemont
    Jäger v. d. Armee Hartwig   4 Btl Limousin
    3 Esc Karabiniers   4 Btl Boisgelin
GB: Jäger v. d. Armee Frazer   4 Btl Briqueville
    3 Esc Eliot Drag   2 Btl Condé
H: 1 Btl Block   2 Btl Puysegur
    1 Btl Kielmannsegge   3 Btl Anhalt
    1 Btl Prinz Carl Mecklenburg   2 Btl Grenadiers royaux:
    1 Btl Estorf   Cambis
    1 Btl Kraushaar   d'Ailly
    1 Btl Meding   Jäger und Gren der
    1 Btl Linsingen   InfBrig Orléans ↘

(noch 25. Aug. Gefecht bei Grüningen)

- H: Legion britannique Kruse
  Legion britannique Porbeck
  Legion britannique Pentz
  Jäger v. d. Armee Quernheim
  2 Esc Jung-Bremer
  2 Esc Alt-Bremer
  2 Esc Estorf
  4 Esc Bock Drag
  4 Esc Müller Drag
  4 Esc Luckner Hus
- HE: GrenBtl Biesenroth
  GrenBtl Loßberg
  GrenBtl Knoblauch
  GrenBtl Bose
  GrenBtl Gose
  GrenBtl Wurmb
  2 Btl Prinz Carl
  2 Btl Erbprinz
  2 Esc Leibregiment
  2 Esc Wolff
  2 Esc Gens d'Armes
  4 Esc Leib Drag
  Artillerie:
    Schwere Brigade
- F: Volontaires de Dauphiné
  Volontaires de Wurmser
  Legion Conflans
  8 Esc Gens d'Armes
  4 Esc Berry
  4 Esc Chartres
  4 Esc Flamarens Drag
  4 Esc de Chapt Drag

25. Aug. **Scharmützel bei Friedberg**

- GB: Eliot Drag
- F: Volontaires d'Hainault

26. Aug. **Scharmützel bei Cayenfeld**

GenMaj Freytag
- H: 2 Brig Jäger

28. Aug. **Scharmützel bei der Besetzung von Staten und Mockstadt sowie Ober- und Niederdauerheim**

GenLt Luckner
- BS: Jäger v. d. Armee Hartwig
- GB: Jäger v. d. Armee Frazer
  3 Esc Eliot Drag
- H: Jäger v. d. Armee Quernheim
  2 Esc Alt-Bremer
  2 Esc Estorf
  4 Esc Luckner Hus
- HE: Jäger v. d. Armee Rall
- F: Abteilungen des Korps Condé

3./4. QUARTAL 1762   - 149 -

28. Aug.   Besetzung von Nidda

Oberst Bauer

PN: Bauer Hus   F: Volontaires de Soubise
X: 1 Piquet Infanterie

30. Aug.   Gefecht am Johannisberg (bei Nauheim)

Gen d.Inf Erbprinz
GenLt Luckner   GenLt Condé
BS: GrenBtl Appelbohm   F: 4 Btl Gardes françaises
     GrenBtl Warnstedt   2 Btl Gardes suisses
     GrenBtl Imhoff   Grenadiers de France
     3 Esc Karabiniers   7 Btl Grenadiers royaux:
     Jäger v. d. Armee Hartwig   Cambis
GB: Jäger v. d. Armee Frazer   d'Ailly
     3 Esc Eliot Drag   Camus
H: 1 Btl Block   Narbonne
     1 Btl Kielmannsegge   d'Argentré
     1 Btl Prinz Carl Mecklenburg   l'Espinnasse
     1 Btl Estorf   Rochelambert
     1 Btl Kraushaar   InfBrig Boisgelin
     1 Btl Meding   4 Btl Piemont
     1 Btl Linsingen   2 Btl Condé
     Jäger v. d. Armee Quernheim   Volontaires de Dauphiné
     2 Esc Jung-Bremer   Volontaires de Wurmser
     2 Esc Alt-Bremer   Legion Conflans
     2 Esc Estorf   8 Esc Gens d'Armes
     4 Esc Müller Drag   4 Esc Berry
     4 Esc Luckner Hus   4 Esc Flamarens Drag
HE: GrenBtl Biesenroth   4 Esc de Chapt Drag
     GrenBtl Loßberg   4 Esc Choiseul Drag
     GrenBtl Knoblauch   4 Esc Schomberg Drag
     GrenBtl Bose   4 Esc Nicolaï Drag
     GrenBtl Gose   1 Brig Artillerie (Saint Auban)
     GrenBtl Wurmb
     Jäger v. d. Armee Rall
     2 Btl Prinz Carl
     2 Btl Erbprinz
     2 Esc Leibregiment
     2 Esc Wolff
     2 Esc Gens d'Armes
     4 Esc Leib Drag
     Artillerie:
        44 schwere Geschütze
PN: 3 Esc Ruesch Hus
     2 Esc Malachowsky Hus

30. Aug.   Vorpostengefecht bei Nidda
GB: 1 Btl Hodgeson
    1 Btl Cornwallis
X: 1 Piquet

30. Aug.   Gefecht bei Olphen
BÜ: K J C

31. Aug.   Gefecht bei Ober-Wisch
BÜ: K J C

03. Sept.   Scharmützel bei Windecken
GenMaj Freytag
H: 2 Brig Jäger   SA: Truppen

06. Sept.   Scharmützel bei Griedel
                                Gen Lt Graf Stainville
                            F: Grenadiers royaux

09. Sept.   Gefecht bei Laubach
Maj Wintzigerode
BS: Jäger   F: Volontaires de Soubise
HE: Jäger   Volontaires de Verteuil
PN: Bauer Hus   4 Esc Royal Nassau Hus

11. Sept.   Arrieregardengefecht bei Waldsassen
Maj Wintzigerode
BS: Jäger   F: Volontaires de Soubise
HE: Jäger   Volontaires de St. Victor
PN: Bauer Hus   4 Esc du Drag
                                4 Esc La Ferronay Drag
                                6 Esc Berchiny Hus

11. Sept.   Arrieregardengefecht bei Atzenhain
GenLt Bock   GenLt Marquis de Castries
H: 3 Esc Bock Drag   F: Volontaires de Saint Victor
HE: GrenBtl Biesenroth   Volontaires de Soubise
     GrenBtl Gose   4 Esc du Roi Drag
     GrenBtl Knoblauch   4 Esc La Ferronay Drag
     GrenBtl Wurmb   6 Esc Berchiny Hus
     GrenBtl Boose
     GrenBtl Losberg
     2 Esc Gens d'Armes
     2 Esc Wolff
     3 Esc Leib Drag
PN: 3 Esc Ruesch Hus
     2 Esc Malachowsky Hus

15. Sept.   Gefecht bei Alsfeld

GenMaj Freytag   Saint Victor
H: Von Freytags J C: F: Volontaires de Soubise
    800 Jäger zu Fuß   Volontaires de Nassau
    400 Jäger zu Pferd   Kavallerie
PN: 300 Malachowsky Hus   Drag
    Ruesch Hus(?)

15. Sept.   Überfall in Brilon

Rittmeister Clausen   Gen Chamborant
X: 60 Mann Infanterie   X: Truppen
    60 Drag

16. Sept.   Gefecht bei Momberg und Schweinsberg

GenMaj Freytag   d'Arembus
H: Von Freytags J C: F: Volontaires d'Austrasie
    800 Jäger zu Fuß
    400 Jäger zu Pferd
PN: 300 Malachowsky Hus
    Ruesch Hus(?)

16. Sept.   Gefecht bei Amöneburg

H: Legion britannique Cruse [73]

18. Sept.   Gefecht bei Treysa

GenMaj Freytag
PN: Hus

20. Sept.   Scharmützel bei Amöneburg

H: 13 Mann Estorf   F: Volontaires d'Hainault

20. Sept.   Gefecht bei Ziegenhain

GenMaj Freytag
H: 1 Brig Jäger   F: Volontaires de St.Victor
HE: Jäger   Volontaires de Soubise
PN: 300 Malachowsky Hus   Nassau Hus
    Ruesch Hus(?)
X: Jäger v. d. Armee

21. Sept.   Gefecht an der Brücker Mühle

Herzog Ferdinand
GenLt Zastrow
Lord Gramby   GenLt Marquis de Castries
BÜ: 1 Btl Schaumburg-Lippe   F: Gren und Jäger: d'Alsace
    Artillerie: Waldner
      12 6 -pfünder   Arbonnier
BS: 3 Esc Karabiniers   Lochmann ↘

(noch 21. Sept. Gefecht an der Brücker Mühle)

GB: 1 Btl Grenadier-Garde
    1 Btl 1.Garde
    1 Btl 2.Garde
    1 Btl 3.Garde
    GrenBtl Eustache
    GrenBtl Maxwell
    1 Btl Highlander Keith
    1 Btl Highlander Campell
    2 Esc Inniskilling
    3 Esc Eliot Drag
H: 1 Btl Meding
    1 Btl Reden
    1 Btl Kraushaar
    1 Btl Linsingen
    1 Btl Wangenheim
    1 Btl Prinz Carl Mecklenburg
    1 Btl Kielmannsegge
    1 Btl Estorf
    1 Btl Ahlefeld
    2 Esc Veltheim
    2 Esc Sprengel
    4 Esc Müller Drag
    4 Esc Bock v. Wülfingen Drag
    Artillerie:
      36 -12 -pfünder
HE: 1 Btl 2.Garde
    1 Btl 3.Garde
    2 Btl Malsburg
    2 Btl Gilsa
    Artillerie:
      12 12-pfünder
      8 30-pfünder Haubitzen
PN: 5 Esc Bauer Hus

F: Eptingen
   4 Btl Picardie
   4 Btl Auvergne
   2 Btl Vaubecourt
   1 Btl Tournaisis
   1 Btl Aumont
   2 Btl Poitou
   2 Btl Provence
   Volontaires d'Hainault
   Artillerie:
     Villepatour(5.Brig)
     d'Invilliers(6.Brig)
   Alsace [74]
   Navarre
   Lastie
   Boccard
   Diesbach

   Prinz Xaver
X: Truppen

22. Sept.   Übergabe von Amöneburg

Besatzung:
H: Legion britannique Kruse
Y: 200 Mann Infanterie

27. Sept.   Gefecht bei Alsfeld

  GenMaj Freytag
BS: 4 Esc Hus
H: Legion britannique Porbeck
   Legion britannique Pentz
   Von Freytags J C:
      800 Jäger zu Fuß
      400 Jäger zu Pferd ⬊

  Vom Korps Poyanne
F: Volontaires d'Hainault
   Volontaires de Verteuïl
   Berchiny Hus

3./4. QUARTAL 1762 - 153 -

(noch 27. Sept. Gefecht bei Alsfeld)
HE: 400 Jäger zu Fuß
   400 Jäger zu Pferd
PN: 3 Esc Ruesch Hus
   2 Esc Malachowsky Hus
   4 Esc Bauer Hus

29. Sept.   Scharmützel bei Erichshausen
H: Jäger
PN: 3 Esc Ruesch Hus
   2 Esc Malachowsky Hus

01. Okt.   Gefecht bei Ziegenhain
HE: 60 Hus
X: Jäger v. d. Armee

10. Okt.   Fouragierungsgefecht bei Schmalenberg
 OberstLt Beck
HE: 100 Gren   F: Volontaires de Clermont
   160 Reiter der Rgt'er: Legion Conflans
      Wolff
      Gens d'Armes
      Leib Drag

12. Okt.   Gefecht bei Herborn
BÜ: K J C

15. Okt.   Beginn der förmlichen Belagerung von Kassel
 Belagerungskorps:
 GenLt Prinz Friedrich
BS: 1 Btl Mengen (Gren?)
   Jäger zu Fuß
   1 Btl Volontaires auxiliaires
   1 Esc Hus
   1 Esc Jäger zu Pferd
   3 Esc Volontaires auxiliaires
GB: 1 Btl Welsh Fuseliers
H: GrenBtl Kaufmann
   GrenBtl Mutio
   GrenBtl Beck
   GrenBtl Greven
   GrenBtl Schlemm
   GrenBtl Schlepegrell
   1 Btl Schulenburg
   1 Btl Otto
   1 Btl Ahlefeld
   1 Btl La Motte
   2 Esc Waldhausen ↘

(noch 15. Okt. Beginn der förmlichen Belagerung von Kassel)
HE: GrenBtl Knoblauch
　　GrenBtl Wurmb
　　2 Btl Mansbach
　　2 Esc Prinz Friedrich Drag
X:　Schwere Belagerungsartillerie

17. Okt.　　　　Eröffnung der Laufgräben vor Kassel

21. Okt.　　　　Fouragierungsgefecht bei Schellenhausen
　OberstLt Riedesel
BS: Hus
　　Jäger zu Pferd

22. Okt.　　　　Ausfall der Besatzung von Kassel

22. Okt.　　　　Verstärkung des Belagerungskorps vor Kassel
BÜ: 1 Btl Bückeburg
HE: 1 Btl GarnBtl Müller [75]

23. Okt.　　　　Überfall in Kalle
　Rittmeister v. Usedom
PN: 2 Esc Malachowsky Hus　　F:　29 Mann Volontaires de Clermont

23. Okt.　　　　Sturm auf die Reisberger Redoute zurückgeschlagen

27. Okt.　　　　Verstärkung des Belagerungskorps vor Kassel
H:　1 Btl Scheither

28. Okt.　　　　Überfall von Bödefeld
　Maj Bödefeld
PN: 3 Esc Ruesch Hus　　　　F:　800 Volontaires d'Austrasie

29. Okt.　　　　Einnahme der Reisberger Redoute

01. Nov.　　　　Kapitulation der Besatzung von Kassel

01. Nov.　　　　Besetzung von Kassel
　GenMaj v. Ahlefeld
BS: 1 Btl Volontaires auxiliaires
H:　1 Btl Otto
　　1 Btl Behr
H:　1 Btl Schulenburg
　　1 Btl Scheither

06. — 15. Nov.   Belagerung von Ziegenhain

GenMaj Huth   Besatzung:

BS: 1 Btl(II.) Imhoff   F: (u.a.):
BÜ: 1 Btl Bückeburg   Volontaires étrangers de
GB: 1 Btl Welsh Fuseliers   Wurmser
H: 1 Btl La Motte
     1 Btl Sachsen-Gotha
     Legion britannique Porbeck
HE: 2 Btl Mansbach
     1 Btl GarnBtl Müller
     2 Esc Prinz Friedrich Drag

15. Nov.   W A F F E N S T I L L S T A N D

Anhang

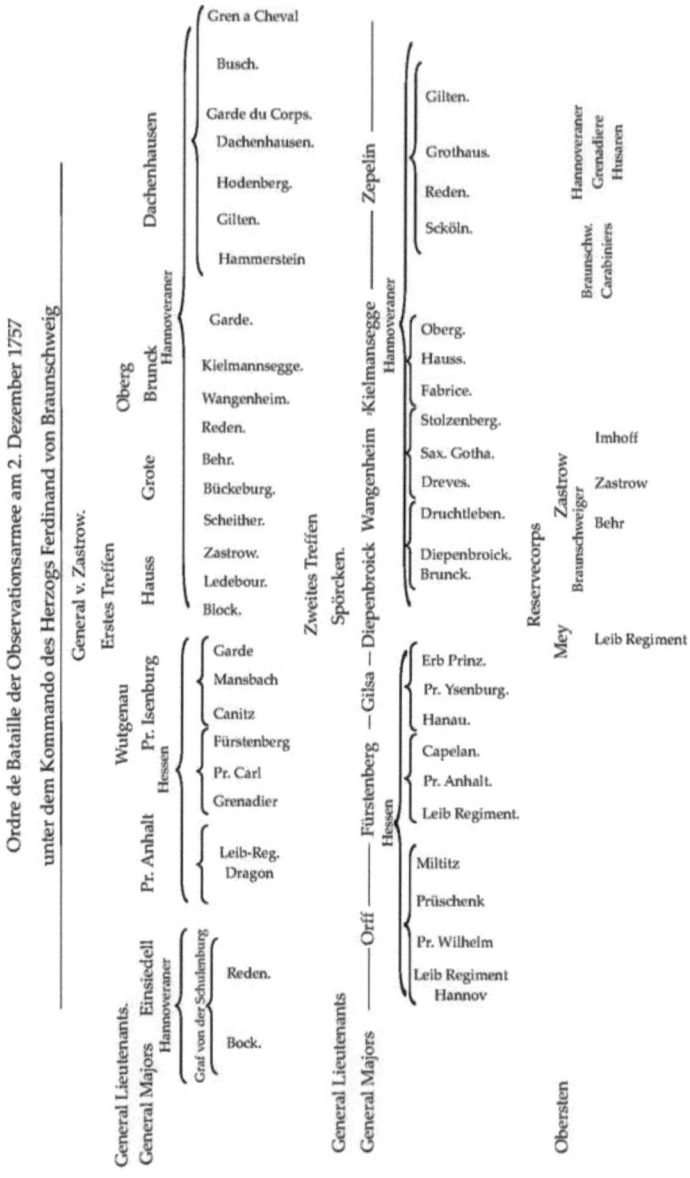

Abb. 1 Ordre de Bataille der Observationsarmee 1757

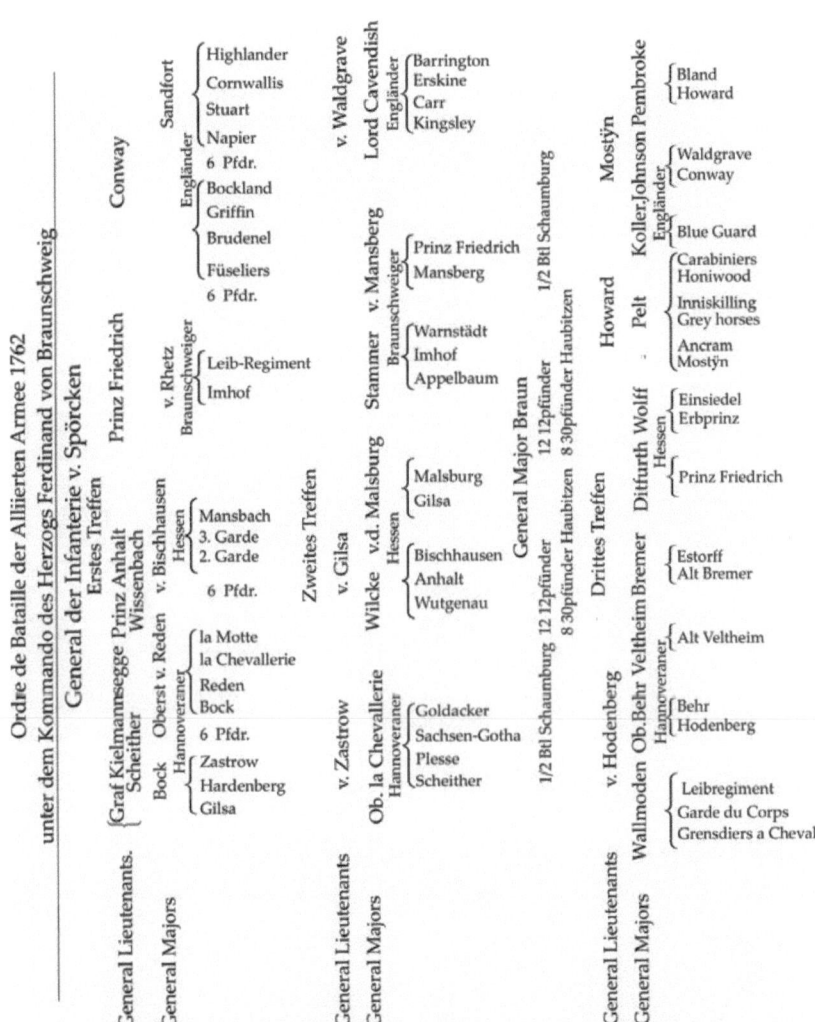

Abb. 2 Ordre de Bataille der Alliierten Armee 1762

Quellennachweis

Anonym; Geschichte des k.u.k. Infanterieregiments Freiherr v. Molinary Nr.38 seit seiner Errichtung 1757 — 1891. Budapest, 1892

Bätzig, Gerhard; Die Isthaer Chronik des Pfarrers Georg Fülling. Hessische Chroniken, Band 1. Kassel, 1957

Berchefeld, Karl v. ; Wesel im Siebenjährigen Krieg, insbesondere das Gefecht bei Meer 1758 und die Belagerung Wesels 1760. Aus: Annalen des Historischen Vereins für den Niederrhein 48.Heft. Köln, 1910

Bess, Wilhelm; Aus dem Tagebuch eines Veteranen des Siebenjährigen Krieges. Aus: Zeitschrift des Vereins für Hessische Geschichte und Landeskunde Nr.25, 1890.

Bothmer, Frhr v. ; Einiges aus der Geschichte der Kur — Hannoverschen leichten Truppen während des Siebenjährigen Krieges.

Bredow/Wedel; Historische Rang — und Stammliste des deutschen Heeres. 3 Bände, Neuauflage: Krefeld, 1974.

Brummer, Hugo; Aufzeichnungen des Pfarrers Johann Christoph Cuntz zu Kirchditmold aus der Zeit des Siebenjährigen Krieges. Aus: Zeitschrift des Vereins für hessische Geschichte und Landeskunde Nr.25, 1890

Decker, C.v. ; Die Schlachten und Hauptgefechte des siebenjährigen Krieges. Berlin , Posen und Bromberg, 1837.

Denecke, J.; Begebenheiten während des siebenjährigen Krieges in Westfalen und den angrenzenden Landesteilen. Nachdruck aus der Originalausgabe von 1898. Werl, 1972.

Der siebenjährige Krieg. Hrsgg. vom, Großen Generalstab. 13 Bände. Berlin, 1901. — 1913.

Die Wegnahme von Dorsten. Aus: Neue Bellona, Band 7. Leipzig, 1804.

Die Zinnfigur. Hefte 8 und 10, 1965.

Döhring, G.W.v. ; Geschichte des Schaumburg — Lippe — Bückeburgischen Karabinier — und Jägercorps. Aus: Zeitschrift für Kunst, Wissenschaft und Geschichte des Krieges, Bände 11 — 13. Berlin, Posen und Bromberg, 1827 — 1828.

Dreher, Ferdinand; Schlacht am Johannisberg bei Friedberg in der Wetterau. Friedberg, 1915.

Eelking, Max; Leben und Wirken des Herzoglich Braunschweigischen General — Leutnants Friedrich Adolph Riedesel, Freiherr zu Eisenbach. 3 Bände. Leipzig, 1856.

Eisentraut, G.; Die kriegerischen Ereignisse in und bei Ziegenhain im Februar und März 1761. Aus: Mein Heimatland, Zeitschrift für Geschichts — , Volks — und Heimatkunde, 3.Band. Hersfeld, 1913.

Elster, O.; Geschichte der stehenden Truppen im Herzogtum Braunschweig — Wolffenbüttel. 2.Band. Leipzig, 1901.

Fortescue, The Hon.J.W.; A History of the British Army. Volume II. London 1935.

Führer, J.; Das Korps Ysenburg und seine Jäger, insbesonderheit die Expedition des Generalleutnants von Urff im März 1759. Aus: Mein Heimatland. Zeitschrift für Geschichts —, Volks — und Heimatkunde, 5.Band. Hersfeld, 1921.

Geisel, Karl; Zur 200.Wiederkehr des Tages der Einnahme des Schlosses Ulrichstein durch die Verbündeten am 7. April 1759. Aus: Lauterbacher Sammlungen, Heft 26, 1960.

Geschichte des k.u.k. Infanterie — Regiments Ferdmarschall Carl Josef Graf Clerfaty de Croix. Bearbeitet von Alfred Ritter von Sypniewski. Jaruslaw, 1894.

Geschichte des Königlich Preußischen 2.Hessischen Husaren — Regiments Nr.14 und seiner Stammtruppen. 1706 — 18876. 1.Teil: Die hessen — casselschen Husaren von 1706 — 1806. Bearbeitet von Karl von Kossecki. Leipzig, 1887.

Geschichte des Siebenjährigen Krieges. Hrsgg.von Offizieren des Großen Generalstabes. 5 Bände. Berlin, 1824 — 1847.

Guillaume, Général Baron H.L.Gustave; Histoire Des Regiments Nationaux Des Pays — Bas Aux Service D'Autriche. Brüssel, 1877.

Hailig v. Hailingen, Ritter E.; Geschichte des k.und k.Infanterieregiments Nr.30. Lemberg, 1897.

Has, Wilhelm; Geschichte des 1.Kurhessischen Feldartillerieregiments Nr.11. und seiner Stammtruppen. 1913.

Hassel, W.v. ; Die schlesischen Kriege und das Kurfürstentum Hannover. Insbesonderheit die Katastrophe von Hastenbek und Kloster Zeven. Hannover, 1878

Heiler, Dr.Carl; Der Untergang des Dillenburger Schlosses am 13. Juli 1760. Dillenburg, 1936.

Hofmann, Johann Andreas; Abhandelung von dem vormaligen und heutigen Krigesstaate; Lemgo 1769

Huppertz, Dr.Aegidius; Münster im Siebenjährigen Kriege. Münster, 1908.

Klein, Hans H.; Wilhelm zu Schaumburg — Lippe. Osnabrück, 1982.

Klockow, Helmut; Stadt Lippe — Lippstadt. Aus der Geschichte einer Bürgerschaft. Festschrift zum 50 — jährigen Bestehen der Volksbank Lippstadt.

Knesebeck, E.von dem (Hg.); Ferdinand, Herzog von Braunschweig und Lüneburg während des siebenjährigen Krieges. 2 Bände. Hannover, 1857.

Kolbe, Wilhelm; Marburg und der Siebenjährige Krieg. Marburg, 1880.

Kornauth, Fr. (Hrsg.); Das Heer Maria Theresias. Faksimile — Ausgabe der Albertina — Handschrift: Dessins des Uniforms des Troupes I.I et R.R de l'année 1762. Wien, 1973.

Kretschmer, A.v. ; Geschichte der kurfürstlich und königlich Sächsischen Feld — Artillerie von 1620 — 1820. Berlin, 1876.

Kroll, Ingo; Die Leichten Truppen der Alliierten Armee. Kiel, 1983

L.A.; Die Einnahme der Feste Rheinfels und andere Ereignisse nach dem Gefecht bei Lutterberg (Herbst 1758). Aus: Hessenland II, 1897.

Lange, Wilhelm; Der Überfall von Almershausen. Aus: Mein Heimatland. Zeitschrift für Geschichts —, Volks — und Heimatkunde, 1.Band. Hersfeld, 1912.

Le Général Susane, L.A.V. Vincent; Histoire de la Cavallerie française. 3 Bände. Paris, 1874.

Le Général Susane, L.A.V. Vincent; Histoire de l'Artillerie française. Paris, 1874.

Le Général Susane, L.A.V. Vincent; Histoire de L'Infanterie française. 5 Bände. Paris, 1876.

Lettow — Vorbeck; Geschichte des Füsilier — Regiments von Gersdorff (1.Kurhessisches) Nr.80.

Mackensen; Schwarze Husaren. Band I. Berlin, 1892.

Malkmus, Dr.Georg Josef; Fulda im siebenjährigen Kriege. Aus: Buchenblätter, Unterhaltungsbeilage zur Fuldaer Zeitung. Fulda, 1913.

Metzler, Fr.E.; Geschichte der Husaren — Regiments Humbert von Italien (1.Kurhessisches) Nr.13. Frankfurt/Main, 1913.

Mollo, John/ Mc Gregor, Malcolm; Uniformen des Siebenjährigen Krieges 1756 — 63. Deutsch: München, 1977.

Muster, Karl; Memoria digna. Aufzeichnungen des Metropolitans J.G.Vilmar zu Felsberg 1752 — 1769. Aus: Zeitschrift des Vereins für hessische Geschichte und Landeskunde, 1964.

Niemeyer/Ortenburg; Die Chur — braunschweig — lüneburgische Armee im Siebenjährigen Kriege, nach dem Gmundener Prachtwerk. Hrsgg. von Joachim Niemeyer und Georg Ortenburg, 1976.

Pajol, Comte de; Les Guerres Sous Louis XV. Bände 4,5 und 7. Paris, 1891.

Renouard, C.; Die Belagerung von Kassel durch den Grafen Wilhelm von Schaumburg — Lippe — Bückeburg während eines Teiles des Feldzuges vom Jahr 1761. Aus: Zeitschrift für Kunst, Wissenschaft und Geschichte des Krieges, Bände 11. — 13. Berlin, Posen und Bromberg, 1853.

Renouard, C.; Geschichte des Krieges in Hannover, Hessen und Westphalen von 1757 — 1763. 3 Bände. Kassel, 1863 — 1864.

Rheden, v.; Feldzüge der Alliierten Armee in den Jahren 1757 — 1762. Hrsgg. von W.A.v. d.Osten. Hamburg, 1805.

Sapin—Lignieres; Les Troupes Legers de L'Ancien Regime. Saint Julien-du-Sault, 1979.

Savory, Lieut. — Gen. Sir Reginald; His Britanic Majesty's Army in Germany during the Seven Years war. Oxford University Press, 1966.

Schell, O; Elberfelder Chronik des 7jährigen Krieges. Aus: Monatsschrift des Bergischen Geschichtsvereins Nr.11, 1904.

Schleicher; Überblick Über die Kriegsvorfälle, an welchem die Kur — Hessischen Troupen Theil genommen haben (1631. — 1795). Aus: Hessische Denkwürdigkeiten. Marburg, 1805.

Schneider, Alfred; Stadt und Amt Amöneburg. Amöneburg, 1971.

Schuster, O. und Francke, F.A.; Geschichte der Sächsischen Armee. 2.Teil. Leipzig, 1885.

See, F.v. ; Die Türken vor Kassel. Ohne Ort und Jahr.

Sichart, L.v. ; Geschichte der Königlich — Hannoverschen Armee. 4 Bände. Hannover, 1866 — 1871.

Stamm — und Rangliste des Kurfürstlich hessischen Armeecorps vom 16.Jahrhundert bis 1866. Kassel, 1877.

Stankra, Julius; Geschichte des k.und k. Infanterieregiments Erzherzog Carl Nr.3. 1.Band. Wien, 1894.

Steward, David Col.; Sketches of the Character, Manners and Present State of The Highlanders of Scotland with details of the Military Service of the Highland Regiments. Edinburgh, 1822.

Strieder, Friedrich; Grundlagen zur Militär — Geschichte des Landgräflich — Hessischen Corps Kassel, 1789.

Unger, v. ; Tagebuch des herzoglich braunschweigischen Majors und Kriegsraths v. Unger; geführt während des siebenjährigen Krieges. Hrsgg. von Graf v. d.Decken. Aus: Zeitschrift für Kunst, Wissenschaft und Geschichte des Krieges, Bände 11. — 13. Berlin, Posen und Bromberg, 1828.

v. d.Busche; Gefechtskalender der Hannoverschen Armee vom Dreißigjährigen Krieg bis zur Schlacht von Langensalza.

Waddington, Richard; La Guerre de Sept Ans. 5 Bände. Paris, 1907.

Westphalen, Ch.H.Ph.v. ; Geschichte der Feldzüge Herzog Ferdinands von Braunschweig — Lüneburg. 6 Bände. Berlin, 1859 — 1872.

Wilbrand, Julius Dr.; Zur Geschichte des Siebenjährigen Krieges in Oberhessen. Aus: Jahresbericht des oberhessischen Vereins für LocalGeschichte, 3 und 4. Gießen, 1884 und 1885.

Wissel, Friedrich v. ; Geschichte der Errichtung Sämtlicher Chur — Braunschweig — Lüneburgischen Troupen. Celle, 1786.

Witzel, Rudolf; Hessen-Kassels Regimenter in der Alliierten Armee 1762; Norderstedt, 2007

Wrede, Alphons Frhr.v. ; Mitteilungen des k.u.k.Kriegs — Archivs. Geschichte der k.u.k.Wehrmacht. Wien, 1898 ff.

Wylly, Colonel H.C.; Historie of The Kings Hussars. Caxton Publishing Co., 1914.

Register

Ortsregister

A
Aerzen — 52
Ahlen — 39
Albachten — 64, 65, 120
Almershausen — 42
Alpen — 24
Alsfeld — 75, 151, 152, 153
Altenbuseck — 26
Altenstädt — 105
Amelbüren — 65
Amelungsborn — 7
Amelunxen — 20
Ammensen — 128
Amöneburg 100, 103, 138, 151, 152
Anraf — 78
Arnsberg — 94
Arolsen — 114, 115
Atzenhain — 150

B
Balhorn — 59
Battenberg — 98, 143, 145
Beber — 18
Beberbeck — 92
Benningsen — 36
Bentheim — 20, 21, 36, 42, 84
Bergen — 45, 46, 47
Bergkirchen — 20
Berleburg — 21
Bevern — 10, 61, 127
Bielefeld — 5, 6, 20, 50
Birstein — 45
Bisses — 47
Bleichrodt — 133
Blomberg — 115
Bochum — 134
Böcke — 56
Bocken — 33

Bödefeld — 154
Boffzen — 123
Bomte — 123
Bonafort — 140
Bonshausen — 45
Borgholz — 126
Borgholzhausen — 50
Bork — 34, 35, 147
Börrie — 7
Braunschweig — 12, 96, 126, 127
Bredelar — 114, 115
Bredenborn — 118
Bremen — 10, 16, 18, 52, 125
Bremervörde — 12
Brilon — 151
Bringhausen — 106
Brügge — 32
Brünen — 90
Brunslar — 140
Büderich — 107
Büdingen — 100
Buer — 43, 47
Buldern — 138
Burg Scharzfels — 11
Burggemünden — 103, 144
Burgsteinfurth — 139
Bursfeld — 50
Busdorf — 77
Butzbach — 62, 63, 67, 73, 85

C
Cappelenhagen — 127
Cappenburg — 34
Carlshaven — 19, 20
Cayenfeld — 148
Celle — 10, 12, 13
Clausthal — 129
Cleve — 23

Coesfeld — 33, 61
Cölbe — 30
Cülte — 79

D
Darrfeld — 106
Dassel — 115, 128
Delbrück — 49, 114
Detmold — 56
Diepenau — 52
Dillenburg — 70, 71, 75
Dittershausen — 104
Dorste — 129
Dorsten 33, 48, 64, 119, 120, 121, 127
Doubingen — 62
Dransfeld 51, 57, 58, 82, 115, 132
Drensteinfurth — 39
Duderstadt — 88, 94, 95, 100, 132
Duiffelward — 23
Duisburg — 22
Dülken — 32
Dülmen — 65, 116
Düsseldorf — 30, 32, 78

E
Ebeleben — 94
Ebsdorf — 71
Effel — 34
Egeln — 11
Ehrenbreitstein — 63
Eibach — 71
Eiberberg — 105
Eickenrode — 95
Eigenrieden — 96
Eimbke — 12
Einbeck — 57, 83, 118, 119
Eisenach — 98
Elberfeld — 48, 133, 134
Eldagsen — 18
Elliehausen — 107
Elverich — 89
Embsdorf — 78
Emden — 7, 20, 123

Emmerich — 22, 23, 73
Ensdorf — 89
Erichshausen — 153
Erwitte — 36, 39
Eschershausen — 7
Essentlo — 83

F
Falkenhagen — 116
Felsberg — 138
Feste Ulrichstein — 45
Festung Rheinfels — 40
Flieden — 71
Florstadt — 101
Frankenau — 78, 85
Frankenberg 73, 75, 97, 129, 144, 145
Frankenhausen — 74
Frankfurt/Main — 42
Frauenweiler — 30
Freienhagen — 79, 100
Freiensteinau — 44
Frenke — 7
Frieda/Werra — 143, 144
Friedberg — 148
Friedewald — 42
Friedland — 19
Fritzlar 75, 79, 95, 96, 97, 104, 123, 138
Fronhausen — 101
Fulda 43, 47, 65, 66, 73, 99, 134, 142
Fürstenberg 9, 19, 23, 25, 33, 36, 48, 114

G
Gahlen — 90
Gandersheim — 120
Garsten — 13
Gartrop — 33
Gartrup — 90
Geismar — 134
Geldern — 4, 10, 88
Gemünden/Wohra — 145

Gensungen 97, 140
Gesecke 33, 114
Giebelhausen 90
Gieselwerder 106, 111, 121
Gießen 62, 66, 67, 71, 75, 101
Gildehaus 20, 89
Gittefeld 132
Gladenbach 146, 147
Glandorf/Lippe 33
Goch 23
Gohfeld 55, 56
Goslar 121
Goßfeld 139
Göttingen 34, 82, 91, 92, 106, 119, 132, 134, 143, 145
Gottsbühren 121, 134
Grebenstein 120
Grevenbroich 31
Griedel 150
Groß-Recken 62
Grünberg 102, 103, 146, 147
Grüningen 147, 148
Gudensberg 84
Gütersloh 50

H

Haarbrück 125
Haarhof 95
Hahausen 127
Haina 59
Halberstadt 11, 22, 26, 30, 34, 54, 60, 71, 83, 86, 90, 91, 92, 94, 100, 101, 102, 109, 112
Halle 50, 57
Haltern 62
Hameln 9, 10, 51, 56, 57
Hamm 119, 122, 147
Handorf 12
Hannover 10
Harburg 11, 12, 13
Hardegsen 98
Harleshausen 79
Harsewinkel 4

Hastenbeck 8, 9, 10
Hattorf 50, 85, 116, 125
Hauinkel 24
Hausberge 56
Häuslingen 10
Havisbeck 123
Heckershausen 80
Hedemünden 91
Heiligenstadt 92, 132
Helsen 78
Hemeln 50
Herborn 67, 70, 153
Herford 6
Herlingshausen 83
Herneberg 47
Hersfeld 42, 43, 113
Herzberg 100, 120, 121, 132
Heyen 7
Hilders 48
Hildesheim 19
Hille 52
Hiltrup 118, 119
Hirschfeld 142
Hofgeismar 84, 85
Hofstadt 34
Hohenkirchen 119
Hoingen 107, 114, 115
Holzhausen 52, 106, 122
Homberg 5, 22, 71, 74, 103, 139, 142, 146
Homberg/Eder 142
Homberg/Rhein 22
Hoof 122
Hörde 114
Höringhausen 59, 77
Horn 11, 49, 116, 117
Hornburg 16
Hosenfeld 74
Hovestadt 34
Höxter 118, 143
Hoya 17, 18
Hundsdorf 103

Hünfeld —————————— 47
Hungen —————————— 100
I
Immenhausen ————— 122, 134
Ippinghausen ————— 79, 80
Iserlohn ————————— 133
Istha ———————————— 59
K
Kahlefeld ————————— 132
Kaiserswerth ————— 22, 70
Kalle ———————————— 154
Kamen ————————— 107, 108
Kanstein ————————— 77
Kappenberg ———————— 35
Kassel 4, 6, 20, 30, 36, 40, 48, 59, 80, 98, 99, 100, 101, 102, 103, 122, 123, 145, 146, 153, 154
Katlenburg ————— 106, 129
Kindelbrück ————————— 94
Kirchhain ————————— 73
Kirdorf ———————————— 74
Kleinenberg ———————— 108
Klein-Linden ———————— 67
Kloster Bredelar ——— 115, 116
Kloster Hardehausen ——— 117
Kloster Kamp ————— 88, 89
Kloster Zeven ————— 10, 11
Königsberg ————————— 101
Korbach - 58, 75, 76, 77, 105, 125
Krefeld ——————— 26, 27, 28
L
Laasphe —————————— 143
Ladferde —————————— 7
Lahde ——————————— 53
Landau ——————————— 79
Langensalza ———————— 97
Langenstein ———————— 144
Langgöns —————————— 67
Langwedel ————————— 17
Laubach ——————— 102, 150
Lauterbach ————— 44, 65
Leinsfeld ————————— 104

Lengfeld —————————— 71
Liebenau —————————— 80
Lipperode ————————— 52
Lippoldsberge ——————— 20
Lippspringe ———————— 114
Lippstadt ——— 4, 36, 38, 48, 49
Listingen —————————— 111
Löhlbach —————————— 103
Löwenhagen ———————— 86
Lübbecke —————————— 53
Lüdinghausen ——————— 126
Lüneburg —————————— 12
Lünen — 38, 62, 63, 107, 108, 127
Lunschal —————————— 40
Lutterberg —— 36, 37, 38, 140, 141
M
Mainzlar —————————— 62
Marburg 30, 47, 61, 71, 85, 97, 98
Mardorf —————————— 64
Marienfeld —————————— 5
Marktoldendorf —————— 117
Mehr ———————————— 32
Mehrhof ——————— 82, 83, 117
Meidrich —————————— 73
Meinholz —————————— 128
Meiningen ————————— 44
Melle ———————————— 51
Mellenbeck ————————— 49
Melrichstadt ——————— 43
Melsungen ————— 142, 144
Mengeringhausen ————— 77
Meppen ————— 123, 124, 125
Merxleben ————————— 96
Meschede —————————— 39
Mielenhausen ——————— 82
Minden —— 19, 51, 53, 54, 55, 56
Mockstadt ————————— 148
Momberg —————————— 151
Multhöpen ————————— 53
Münden 33, 34, 50, 51, 57, 82, 86

Münster4, 38, 39, 44, 47, 51, 52, 53, 60, 61, 63, 64, 65, 84, 118, 119, 120

N

Nauheim --- 149
Naumburg --- 58, 59
Netze --- 103
Neuehaus --- 119, 121, 122
Neuhaus --- 5, 110, 113
Neuhof --- 71, 72
Neukanitz --- 49
Neukirchen --- 59
Neumorschen/Fulda142, 143, 144, 145
Neuß --- 30
Neustadt --- 74
Neu-Waake --- 106
Nidda --- 100, 149, 150
Niederdauerheim --- 148
Niederkleen --- 66
Niederklein --- 74
Nieder-Laaspe --- 43
Niederweimar --- 61
Nienburg --- 10, 18
Nord-Bordun --- 132
Nordeck --- 64
Nordecken --- 101
Nordhausen --- 104, 119, 133
Nordheim --- 86, 88, 101
Nörken --- 86
Northeim --- 83, 106
Notteln --- 65

O

Ober-Brecht --- 64
Ober-Elsungen --- 84
Ober-Ense --- 113, 114
Ober-Melsungen --- 138
Ober-Ofleiden --- 74
Ober-Vellmar --- 34
Ober-Walgern --- 102
Ober-Wisch --- 150
Oedelsheim --- 141

Oelper --- 127
Olphen --- 116, 150
Orlepshausen --- 16
Orsoy --- 87, 88
Osnabrück --- 52, 60
Ossendorf --- 118
Osterode --- 120, 121
Osterwick --- 122
Östinger Heide --- 34
Ottersberg --- 10

P

Paderborn --- 4, 5, 20, 110, 132
Pfaffenmütze --- 30, 31
Plettenberg --- 22
Polle --- 116, 127

Q

Queckborn --- 47
Quetzen --- 52

R

Recklinghausen --- 135, 138
Rees --- 23, 24
Regenstein --- 11, 16, 17
Rhadern --- 85
Rheinberg --- 25, 26, 87, 88
Rheine --- 117
Rhoden --- 84
Rhüden --- 39
Rhune --- 113, 114
Rinteln --- 20
Rittbergen --- 4
Ritterhude --- 16
Rodstadt --- 95
Roermonde --- 28, 29, 31, 32, 88
Rosenthal --- 96
Rothenburg/Fulda --17, 113, 144
Roxel --- 118, 119
Ruhrort --- 22, 86, 87
Rupperterodt --- 146
Rüthen --- 94

S

Sababurg 58, 83, 111, 121, 134, 135

Sachsenberg — 95, 98
Sachsenhausen — 79
Salzderhelden — 33, 132
Salzkotten — 78
Sand — 106
Sande — 110
Sandershausen — 31, 36
Scharzfels — 123
Scheerenberg — 95
Schelde — 86
Schellenhausen — 154
Schenklengsfeld — 42
Schermbeck — 90, 135
Schernbeck — 33
Schladen — 17
Schlitz — 47
Schloß Altenhof — 121
Schloß Arnsberg — 115, 132, 133
Schloß Arnstein — 91
Schloß Bentheim — 43, 82, 143
Schloß Friedewald — 143
Schloß Hohenlimburg — 143
Schloß Rietberg — 49
Schloß Schönflöth — 140
Schloß Trendelburg — 119
Schloß Waldeck — 140
Schlotheim 58, 83, 91, 95, 101, 102, 104
Schmalenberg — 153
Schmalkalden — 44
Schmillinghausen — 78
Schönbach — 30
Schwabendorf — 59
Schwalbach — 62
Schwalenberg — 117
Schwan — 30
Schwarzenborn — 59
Schweinsberg — 151
Seelheim — 103
Seesen — 120, 122
Sicherthausen — 30
Sieverthausen — 147

Soest — 21, 34, 38, 39, 114
Sonsbeck — 24
Spangenberg — 40, 144
Speele — 140
Stadtberge — 77, 82, 83
Stadtbergen — 95
Stadt-Oldendorf — 122, 126, 128
Stangerod — 101, 102
Staten — 148
Stauffenberg — 62, 67
Stromberg — 50
Stuckenbröck — 49
Suhl — 45
Sulbeck — 129
Sundern — 110

T
Tann — 44, 48
Tietelsen — 108
Todenhausen — 52
Trendelburg — 34, 58
Treysa — 45, 74, 75, 151

U
Uerdingen — 70
Ulrichstadt — 48
Ulrichstein — 144
Unna — 107, 109, 110
Untrup — 110
Uslar — 50, 51, 106, 117, 139, 140

V
Vacha — 43, 73, 98
Vechta — 53
Vegesack — 16
Vellinghausen 110, 111, 112, 113
Veltheim 16, 54, 64, 66, 91, 98, 99, 101, 102, 104, 106, 107, 110, 113, 115, 117, 118, 120, 122, 126, 127, 129, 137, 139, 140, 141, 145, 152
Venlo — 88
Verden — 10, 17
Versen — 13
Visselhöfede — 16, 17

Volkmarsen 58, 79

W
Wabern 83
Wachtendonk 32
Wahlen 74
Waldeck 21, 85
Waldniel 31, 32
Waldorf 56
Waldsassen 150
Wambeln 111
Wangelstädt 128
Warburg 34, 81, 82, 111
Waroldern 79
Wasungen 44, 48
Wehlda 86
Weilburg 64
Weißenstein 80
Wellingholzhausen 50
Werden 123
Werl 38, 107
Werne 121, 122
Werth 73
Wesel 4, 30, 73, 85, 87, 88
Westerloh 13
Westerode 95
Westhofen 109
Westkotten 52
Westuffeln 111
Wetter 59, 60, 61, 103
Wettsassen 147
Wetzlar 62, 63, 101
Wickede 109
Wickensen 121, 125
Wickstadt 101
Wieseck 66, 67
Wildungen 59, 77, 110
Wilhelmstal 122, 135, 136, 137
Willremming 65
Windecken 45, 150
Winterberg 95
Wissenbach 70
Witzenhausen 38, 39, 40, 51, 91
Wolbeck 62, 118
Wolffenbüttel 18, 123, 125, 126
Wolfhagen 58, 79, 80, 134
Wolfsanger 139
Worbis 94, 95
Wormeln 82
Wrexen 82, 83
Wünnenberg 48

Z
Zappenburg 106
Zeilbach 74
Ziegenhain 31, 48, 59, 80, 83, 99, 100, 101, 104, 151, 153, 155
Zierenberg 84, 85

Sachregister

A
April 4, 22, 44, 45, 46, 47, 73, 106, 132, 133
August 4, 10, 31, 32, 33, 53, 54, 55, 56, 57, 58, 59, 60, 61, 80, 82, 83, 84, 114, 115, 116, 117, 118, 119, 120, 143, 144, 145, 146, 147, 148, 149, 150
Abteilung 18, 20, 22, 32, 39, 44, 45, 46, 47, 48, 49, 50, 61, 63, 64, 73, 77, 80, 84, 86, 87, 89, 92, 94, 95, 96, 97, 98, 103, 107, 111, 114, 116, 120, 123, 127, 129, 137, 139, 141, 145, 146
Artillerie 7, 9, 10, 12, 17, 20, 22, 23, 27, 28, 30, 31, 37, 38, 39, 46, 47, 52, 53, 54, 55, 56, 57, 58, 60, 61, 66, 67, 73, 77, 79, 81, 82, 86, 87, 88, 89, 91, 97, 98, 99, 100, 112, 120, 122, 124, 125, 126, 127, 128, 133, 135, 136, 137, 138, 140, 141, 145, 147, 148, 149, 151, 152

B

Bataillon 4, 5, 6, 7, 8, 9, 10, 12, 16, 17, 18, 19, 20, 22, 23, 24, 25, 26, 27, 28, 30, 31, 32, 33, 34, 36, 37, 38, 39, 40, 42, 43, 44, 45, 46, 47, 51, 52, 53, 54, 55, 56, 57, 58, 59, 60, 61, 63, 64, 65, 66, 67, 70, 71, 74, 75, 76, 78, 79, 80, 81, 82, 83, 84, 85, 86, 87, 88, 89, 90, 91, 92, 94, 95, 96, 97, 98, 99, 100, 101, 102, 103, 104, 105, 109, 110, 111, 112, 113, 114, 115, 116, 117, 118, 119, 120, 121, 122, 124, 125, 126, 127, 128, 132, 133, 134, 135, 136, 137, 138, 139, 140, 141, 142, 143, 144, 145, 146, 147, 148, 149, 150, 151, 152, 153, 154, 155

Brigade 9, 34, 35, 46, 54, 55, 56, 57, 58, 60, 61, 62, 65, 66, 67, 73, 74, 77, 80, 81, 82, 83, 84, 85, 86, 89, 91, 94, 97, 99, 101, 102, 104, 107, 109, 111, 112, 115, 116, 117, 118, 119, 120, 121, 122, 123, 125, 126, 127, 129, 135, 136, 139, 140, 142, 144, 146, 147, 148, 149, 150, 151, 152

C

Corps 7, 8, 23, 25, 30, 46, 54, 73, 112, 126, 137, 141, 145

D

Dezember 12, 13, 40, 66, 67, 91, 92

E

Escadron 4, 5, 7, 8, 9, 11, 12, 16, 17, 18, 19, 20, 23, 24, 25, 26, 27, 28, 29, 30, 31, 32, 33, 35, 36, 37, 38, 39, 40, 42, 43, 44, 45, 46, 47, 48, 50, 51, 52, 53, 54, 55, 56, 57, 58, 60, 61, 62, 63, 64, 65, 66, 70, 71, 72, 73, 74, 75, 76, 77, 78, 81, 82, 83, 84, 85, 86, 87, 89, 90, 91, 92, 94, 95, 96, 97, 98, 99, 100, 101, 102, 103, 104, 106, 107, 109, 110, 111, 112, 113, 114, 115, 116, 117, 118, 119, 120, 121, 122, 125, 126, 127, 128, 133, 134, 135, 136, 137, 138, 139, 140, 141, 142, 144, 145, 146, 147, 148, 149, 150, 151, 152, 153, 154, 155

F

Feldmarschall-Leutnant ------ 20

G

Garnison ------------- 123, 154, 155

Garnisonsbataillon 4, 7, 51, 80, 83, 87, 89, 91, 94, 99, 104, 119

Garnisonsregiment ----------- 125

General 4, 6, 10, 12, 17, 24, 26, 34, 39, 44, 47, 48, 50, 56, 60, 71, 74, 75, 78, 79, 80, 82, 83, 86, 87, 91, 94, 97, 98, 99, 102, 103, 104, 106, 107, 109, 110, 113, 114, 115, 117, 120, 121, 122, 126, 129, 132, 133, 139, 145, 146, 147, 149, 150, 151

General-Leutnant 4, 18, 19, 22, 23, 24, 25, 26, 28, 31, 32, 34, 36, 38, 39, 40, 42, 45, 48, 51, 53, 55, 57, 58, 60, 61, 66, 70, 71, 76, 78, 80, 81, 83, 84, 85, 87, 88, 90, 96, 97, 100, 101, 102, 104, 105, 107, 109, 115, 118, 126, 128, 132, 133, 134, 138, 140, 141, 142, 143, 144, 145, 146, 147, 148, 149, 150, 151, 153

General-Major 4, 5, 10, 12, 16, 17, 18, 19, 22, 28, 30, 32, 34, 44, 45, 52, 55, 71, 73, 75, 78, 82, 84, 86, 90, 91, 92, 94, 95, 96, 98, 99, 101, 102, 104, 106, 107, 109, 110, 113, 114, 115, 117, 118, 120, 122, 126, 127, 129, 132, 141, 144, 148, 150, 151, 152, 154, 155

Grenadierbataillon 44, 45, 58, 62, 63, 71, 74, 75, 76, 79, 80, 81, 82, 83, 84, 87, 88, 90, 91, 94, 95, 96,

97, 98, 99, 101, 102, 103, 104, 105, 109, 110, 111, 112, 113, 114, 115, 117, 118, 119, 120, 127, 128, 133, 135, 136, 138, 139, 140, 141, 142, 144, 145, 146, 147, 148, 149, 150, 152, 153, 154

Grenadiere 4, 5, 6, 7, 8, 9, 12, 16, 17, 18, 19, 23, 24, 25, 26, 27, 31, 32, 33, 34, 35, 38, 39, 42, 43, 44, 45, 46, 47, 48, 49, 50, 51, 53, 54, 55, 57, 58, 59, 60, 61, 64, 65, 66, 71, 73, 74, 75, 78, 79, 80, 81, 82, 83, 84, 85, 86, 90, 92, 94, 95, 96, 97, 98, 99, 102, 103, 109, 110, 111, 112, 114, 115, 116, 117, 118, 119, 120, 122, 124, 125, 126, 127, 128, 134, 135, 137, 139, 141, 143, 145, 146, 147, 149, 150, 151, 152, 153

H
Haubitzen --------------------------9
Hauptmann -- 34, 48, 70, 88, 143

I
Infanterie 10, 48, 49, 57, 58, 60, 64, 82, 86, 92, 95, 96, 97, 103, 108, 109, 111, 112, 117, 118, 121, 122, 123, 125, 126, 132, 133, 134, 135, 139, 143, 144, 146, 147, 149

J
Januar 16, 42, 70, 71, 94, 95, 132
Juni 5, 6, 22, 23, 24, 25, 26, 27, 28, 29, 48, 49, 73, 74, 106, 107, 108, 134, 135, 136, 137, 138
Juli 7, 8, 9, 10, 30, 31, 50, 51, 52, 53, 75, 76, 77, 78, 79, 80, 81, 82, 109, 110, 111, 112, 113, 114, 139, 140, 141, 142, 143
Jäger 5, 6, 7, 8, 12, 16, 17, 18, 19, 20, 21, 22, 26, 27, 30, 31, 33, 34, 36, 38, 39, 42, 43, 44, 45, 46, 47, 48, 49, 50, 51, 52, 53, 54, 56, 57, 58, 59, 60, 61, 62, 63, 64, 65, 66,

67, 70, 73, 74, 75, 76, 77, 78, 79, 80, 81, 82, 83, 84, 85, 86, 88, 89, 90, 91, 92, 94, 97, 98, 100, 101, 102, 104, 106, 107, 108, 109, 110, 111, 112, 113, 114, 115, 116, 117, 118, 119, 120, 121, 122, 123, 124, 125, 126, 127, 128, 129, 132, 133, 134, 135, 136, 137, 138, 139, 140, 142, 143, 144, 145, 146, 147, 148, 149, 150, 151, 152, 153, 154

Jägercorps-----------------36, 39, 62

K
Kapitän 33, 42, 49, 53, 66, 67, 70, 75, 91, 98, 100, 115, 119, 123, 132, 142, 144
Kavallerie 23, 51, 90, 94, 102, 103, 109, 110, 115, 118, 133, 134, 136, 139, 144
Kompanie 4, 5, 6, 7, 8, 12, 17, 18, 22, 27, 28, 31, 32, 33, 35, 38, 39, 40, 42, 44, 45, 47, 48, 49, 50, 51, 52, 55, 56, 59, 63, 66, 73, 74, 76, 98, 112, 114, 115, 116, 123, 125, 126, 127, 133
Korps 7, 16, 17, 30, 31, 36, 38, 42, 43, 44, 52, 56, 57, 65, 70, 74, 75, 77, 79, 82, 84, 85, 86, 88, 90, 91, 92, 96, 97, 100, 101, 108, 109, 111, 115, 117, 118, 122, 123, 127, 129, 144, 148, 152

L
Leutnant 44, 50, 78, 83, 95, 121, 123, 129, 143, 150

M
März 4, 18, 19, 20, 21, 42, 43, 71, 72, 98, 99, 100, 101, 102, 103, 104, 105, 132
Mai 4, 5, 22, 47, 48, 73, 106, 133, 134
Major 11, 12, 13, 17, 21, 22, 23, 26, 31, 34, 36, 39, 43, 45, 50, 56, 58, 59, 63, 73, 74, 77, 78, 82, 85, 87, 88, 95, 107, 109, 117, 119, 121,

122, 123, 125, 126, 127, 128, 132, 133, 134, 137, 139, 140, 150, 154

N

November 12, 39, 40, 60, 64, 65, 66, 90, 91, 127, 128, 129, 145, 154, 155

O

Oktober 36, 37, 38, 39, 64, 88, 89, 90, 123, 124, 125, 126, 127, 153, 154

Oberst 5, 6, 16, 18, 30, 31, 32, 33, 34, 48, 50, 52, 58, 61, 62, 63, 64, 66, 67, 71, 73, 80, 83, 85, 88, 90, 95, 100, 103, 105, 113, 114, 119, 120, 122, 123, 125, 127, 129, 133, 134, 139, 140, 141, 144, 145, 149

Oberstleutnant 11, 13, 16, 39, 40, 45, 47, 48, 50, 51, 52, 56, 59, 61, 64, 67, 73, 75, 78, 86, 88, 95, 98, 103, 108, 117, 121, 122, 127, 128, 132, 134, 135, 138, 139, 144, 145, 146, 147, 153, 154

Offizier ------------- 31, 49, 50, 138

R

Regiment 4, 6, 7, 17, 18, 23, 38, 39, 42, 43, 44, 48, 49, 57, 60, 65, 66, 67, 75, 77, 81, 90, 91, 92, 94, 95, 96, 98, 109, 110, 115, 120, 127, 132, 133, 136, 138, 139, 140, 143, 144, 145, 147, 153

S

September 10, 11, 33, 34, 35, 61, 62, 63, 84, 85, 86, 87, 120, 121, 122, 123, 124, 150, 151, 152, 153

Schloß 40, 43, 49, 75, 82, 91, 115, 119, 121, 132, 133, 140, 143

Eigene Notizen:

****
* CUUM CUIQUE *
****

Anmerkungen:

[1] Siehe dazu Erklärung unten –Zum Begriff Brigade–.
[2] Zusammensetzung des Korps siehe unten: -22. Jun. Vorpostengefechte bei Heyen, Börrie und Frenke-.
[3] Es erscheint mir persönlich unwahrscheinlich, daß die Pfälzer Truppen hier eingesetzt waren.
[4] Die Schreibweise ist verschieden. Es kann „Spörcken" oder auch „Spörken" heißen.
[5] Ruesch Husaren: preußisches Husarenregiment Nr. 5, das „Regiment Schwarze Husaren" oder „Totenkopfhusaren". Hier ist es nach seinem Chef, dem GenMaj Ruesch (offiziell Chef bis zum 09. 05. 1762) benannt.
[6] Nach einigen Quellen 100 Ruesch Hus.
[7] Malachowsky Husaren: preußisches Husarenregiment Nr.. 7, das „Regiment Gelbe Husaren" oder „Kanarienvögel". Es ist nach seinem Chef, dem Oberst Malachow v.Malachowsky benannt.
[8] In den hannoverschen Offizierslisten ist ein –Kpt Brunsisch- aufgeführt. Der Name –Brunsing- taucht hingegen nicht auf. Es handelt sich offenbar um einen Übertragungsfehler.
[9] v.Beust: Kommandeur des Husarenregiments Nr. 5, das „Regiment Schwarze Husaren".
[10] Der Vorfall ereignete sich im April oder Mai.
[11] Nach einigen Quellen 300 Hus.
[12] Nach einigen Quellen KavRgt Bellefort.
[13] Die folgenden Infanterieregimenter stehen nicht in der Ordre de Bataille des Generalstabswerkes (siehe Quellenverzeichnis Seite: 3); sondern nur bei General Susane –Infanterie- (siehe Quellenverzeichnis Seite: 3).
[14] Nach einigen.Quellen 200 Mann.
[15] Das Regiment heißt vermutlich +Barrois+.
[16] Zu den Truppen Gen. Arbergs siehe:- 01.April Gefecht bei Wasungen-.
[17] Die genannten Truppenteile bildeten die gesamte Arrieregarde unter Prinz Holstein. Welche Regimenter an den Gefechten im Einzelnen teilnahmen, war nicht zweifelsfrei zu ermitteln.
[18] OberstLt v.Narzinsky (auch: Naszynski), Offizier der „Ruesch Husaren".
[19] Die aufgeführten Regimenter gehörten zur:
- Armee Marschall Contades und
- der Reserve unter Herzog Broglio beiderseits der Weser.
[20] Die aufgeführten Regimenter gehörten zur:
- Armee Herzog Ferdinands,
- dem Korps Wangenheim beiderseits der Weser, und
- dem Detachement Gilsa.
[21] Die 3 Infanterieregimenter stehen nicht in der Ordre de Bataille des Generalstabswerkes (siehe Quellenverzeichnis Seite:3) sondern nur bei General Susane +Infanterie+(siehe Quellenverzeichnis Seite 3).
[22] Eigentlich: Volontaires de Vair. (Siehe dazu auch unten Endnote 26).
[23] In einigen Quellen erscheint dies Ereignis auch unter den Bezeichnungen:
- Überfall bei Dykburg oder:
- Überfall auf das Hannoversche Lager bei Dykburg.
Die genannten Hannoverschen Regimenter sind offenbar nur ein Teil der in die Kampfhandlungen verwickelten Truppen.
[24] Vermutlich ein Kreisregiment. Der Inhaber „Pöllnitz" oder „Pölnitz" stammt möglicherweise aus dem Stuttgarter Raum. (Das preußische Kavallerie-Regiment „Pöllnitz" ist hier nicht gemeint!)
[25] Siehe hierzu auch: 06.Juni; Gefecht bei Ober-Ofleiden.
[26] Es war nicht zu ermitteln, welche Einheit sich hinter diesem Namen verbirgt. „Volontaires de Vaire" sind jedenfalls in keiner Aufzeichnung zu finden.
[27] Teile aus folgenden Truppen:
BS: Grenadiere
GB: Grenadiere; Infanterie; Bergschotten (Highlander)
H: Stockhausen S C
X: Kavallerie.

[28] Ein „v. Klenke" erscheint erst 1761 als Rittmeister in den hannoverschen Offizierslisten.
[29] Zum Korps gehörten:
F: 4 Btl Infanterie; 22 Esc Kavallerie
SA: 15 Btl Infanterie, 2 Komp Artillerie; 24 - 4pfünder.
[30] Ob das gesamte Korps Stainville an der Belagerung beteiligt war ist fraglich. Zur Zusammensetzung des Korps siehe "13.09.+Gefecht bei Rhadern+ Seite 3.
[31] Es werden noch folgende Offiziere namentlich erwähnt:
Maj Wense; Maj Meidel; Maj Römer v. Bückeburger Ingenieurcorps und Kpt Reuß von der Hannoverschen Artillerie.
[32] Vermutlich zwischen dem 04.und 09.Oktober.
[33] Truppenteile siehe: 02.Jan; +Gefecht bei Worbis+. Seite 3.
[34] Nach Renouard: 14. Februar.
[35] Nach einigen Quellen: 13.Februar.
[36] Anfang des Monats.
[37] Nach "Renouard" am 29. März. Zu den beteiligten Truppen siehe oben "25.03. Gefecht bei Dittershausen".
[38] Nach "Renouard" am 26. März.
[39] Das "Gefecht in der Ebene von Zennern".
[40] Vormals "Freicorps Fischer".
[41] Die Beteiligung der genannten Truppen ist nicht gesichert.
[42] Die Grenadiere werden als +blau und weiß+ beschrieben. Eine Zuordnung zu einem Regiment ist nicht möglich.
[43] Nach einigen Angaben: 160 Jäger.
[44] Nach einigen Angaben: 160 Jäger. Möglicherweise sind beide Kampfhandlungen identisch.
[45] Die Zusammensetzung der französischen Armeen war nicht einwandfrei zu ermitteln. Die Quellen ergeben kein genaues Bild.
Die folgenden Angaben zur Truppenstärke waren nicht aufzulösen:
13 Esc Maison du Roi
46 Btl Infanterie
87 Esc Kavallerie
180 Canons lourdes
Die Teilnahme der genannten Truppenteile ist zwar sicher, die Aufzählung ist aber vermutlich unvollständig.
[46] Die Zusammensetzung der französischen Brigaden war nicht zu ermitteln.
(Siehe Vermerk zu den Brigaden S. III).
[47] In dieser Brigade waren vermutlich alle Irischen Fremdenregimenter zusammengefaßt.
[48] Die beiden Grenadierbataillone waren vermutlich nicht "Wilcke" und Stein, sondern "Schmidt" und "Stirn".
[49] Siehe oben Endnote Nr. 48.
[50] Siehe hierzu + 17.Juli;Gefecht bei Neuhaus+ Seite 3.
[51] Siehe hierzu + 17.Juli;Gefecht bei Neuhaus+ Seite 3.
[52] Siehe hierzu + 17.Juli;Gefecht bei Neuhaus+ Seite 3.
[53] Ein hessisches Garnisonsbataillon Schenk ist nicht aufzufinden. Es muß hier wohl ein Hör- und/oder Übertragungsfehler vorliegen.
[54] Möglicherweise Rgt Vaubecourt(?) und andere. Es war aber nicht festzustellen, welche Regimenter sich hinter dieser Bezeichnung verbargen.
[55] Vom Hannoverschen Infanterieregiment Hardenberg.
[56] Insgesamt 800 Mann.
[57] Es werden noch die InfRgt'er +Vastan und Royal Deux Ponts + erwähnt. Ob diese beiden Regimenter im Brigadeverband mit den vorgenannten Regimentern standen, oder zusätzlich anwesend waren, war nicht zu ermitteln.
[58] Möglicherweise auch: GrenBtl Robertson.

[59] Zusätzliche Kavallerie des Korps Clausen: Le Roi Drag? Außerdem (evtl.) noch Volontaires de St.Victor? Gesamtstärke des Korps 5 - 6000 Mann.
[60] Evtl. schon 08.November.
[61] 30 Mann pro Escadron.
[62] In einigen Quellen werden "Romans Drag" genannt. Hierbei handelt es sich vermutlich um einen Schreib- und/oder Übertragungsfehler.
[63] "Einige Komp Waldner.." und ??(weitere Einheiten??).
[64] Die Teilnahme dieser Regimenter ist nicht belegt! (Es ist m.E. auch unwahrscheinlich, daß 1762 noch Truppen der Pfalz an Kampfhandlungen, übrigens sehr weit vom Rhein entfernt, teilgenommen hätten. Sie werden auch nach 1757 überhaupt nicht mehr erwähnt!).
[65] Welche Regimenter im Einzelnen an den Kampfhandlungen beteiligt waren, konnte nicht ermittelt werden.
[66] Zusammensetzung des Korps Schlieffen Siehe oben: +Gefecht bei Uslar+ Seite 3.
[67] Zusammensetzung des Korps Schlieffen Siehe oben: +Gefecht bei Uslar+ Seite 3.
[68] Hier ist vermutlich die InfBrig +Alsace+ gemeint. (Denn das Rgt. Alsace hatte nur 2 Btl).
[69] Prinz Friedrich ist Braunschweiger
[70] Wahrscheinlich auch noch +Ruesch- und Malachowsky Hus+.
[71] Wahrscheinlich auch noch +Ruesch- und Malachowsky Hus+.
[72] Diese Schreibweise beruht wahrscheinlich auf einem Hörfehler. Es müßte wohl „Porbeck" heißen.
[73] Das Bataillon ist auch als –Kruse- zu finden.
[74] Ob und in welcher Stärke dieses und die folgenden Regimenter teilnahmen, war nicht genau zu ermitteln.
[75] Das GarnBtl, (eigentlich GarnRgt), Müller (GarnRgt III) war zum Pionierdienst in der Armee kommandiert. Es hatte 1762 eine Stärke von 744 Mann. (Siehe dazu auch: Witzel, Hessische Truppen. Quellenverzeichnis S. 3.)

ANMERKUNGEN:

MIX
Papier aus verantwortungsvollen Quellen
Paper from responsible sources
FSC® C105338